Projet OCDE/G20 sur l'érosion de la base d'imposition et le transfert de bénéfices

L'élaboration d'un instrument multilatéral pour modifier les conventions fiscales bilatérales, Action 15 - Rapport final 2015

Ce document et toute carte qu'il peut comprendre sont sans préjudice du statut de tout territoire, de la souveraineté s'exerçant sur ce dernier, du tracé des frontières et limites internationales, et du nom de tout territoire, ville ou région.

Merci de citer cet ouvrage comme suit :
OCDE (2015), *L'élaboration d'un instrument multilatéral pour modifier les conventions fiscales bilatérales, Action 15 - Rapport final 2015*, Projet OCDE/G20 sur l'érosion de la base d'imposition et le transfert de bénéfices, Éditions OCDE, Paris.
http://dx.doi.org/10.1787/9789264248588-fr

ISBN 978-92-64-24851-9 (imprimé)
ISBN 978-92-64-24858-8 (PDF)

Série : Projet OCDE/G20 sur l'érosion de la base d'imposition et le transfert de bénéfices
ISSN 2313-2620 (imprimé)
ISSN 2313-2639 (en ligne)

Crédits photo : Couverture © ninog – Fotolia.com

Les corrigenda des publications de l'OCDE sont disponibles sur : *www.oecd.org/about/publishing/corrigenda.htm.*

Avant-propos

Les questions fiscales internationales sont aujourd'hui plus que jamais au cœur des préoccupations des pouvoirs publics. L'intégration des économies et des marchés nationaux a connu une accélération marquée ces dernières années, mettant à l'épreuve le cadre fiscal international conçu voilà plus d'un siècle. Les règles en place ont laissé apparaître des fragilités qui sont autant d'opportunités pour des pratiques d'érosion de la base d'imposition et de transfert de bénéfices (BEPS), appelant une action résolue de la part des dirigeants pour restaurer la confiance dans le système et faire en sorte que les bénéfices soient imposés là où les activités économiques sont réalisées et là où la valeur est créée.

À la suite de la parution du rapport intitulé *Lutter contre l'érosion de la base d'imposition et le transfert de bénéfices* en février 2013, les pays de l'OCDE et du G20 ont adopté en septembre 2013 un Plan d'action en 15 points visant à combattre ces pratiques. Les 15 actions à mener s'articulent autour de trois principaux piliers : harmoniser les règles nationales qui influent sur les activités transnationales, renforcer les exigences de substance dans les standards internationaux existants, et améliorer la transparence ainsi que la certitude.

Depuis lors, tous les pays de l'OCDE et du G20 ont œuvré sur un pied d'égalité, et la Commission européenne a également apporté sa contribution tout au long du projet BEPS. Les pays en développement ont été étroitement associés au moyen de différents mécanismes, notamment une participation directe aux travaux du Comité des affaires fiscales. En outre, des organisations fiscales régionales, comme le Forum sur l'administration fiscale africaine (ATAF), le Centre de rencontres et d'études des dirigeants des administrations fiscales (CREDAF), et le Centre interaméricain des administrations fiscales (CIAT), ont travaillé aux côtés d'organisations internationales, telles que le Fonds monétaire international (FMI), la Banque mondiale et les Nations Unies. Les parties prenantes ont été largement consultées : au total, le projet BEPS a fait l'objet de plus de 1 400 contributions d'entreprises, de fiscalistes, d'ONG et d'universitaires. 14 réunions publiques de consultation se sont tenues et ont été transmises en direct sur l'Internet, tandis que le Secrétariat de l'OCDE a diffusé des sessions interactives sur le Web afin de tenir le public informé de l'évolution du projet et de répondre à ses questions.

Après deux ans de travail, les 15 rapports prévus par le Plan d'action ont été établis. Tous ces rapports, y compris ceux publiés à titre provisoire en 2014, ont été réunis au sein d'un ensemble complet de mesures, qui représente le premier remaniement d'importance des règles fiscales internationales depuis près d'un siècle. La mise en œuvre des nouvelles mesures devrait conduire les entreprises à déclarer leurs bénéfices là où les activités économiques qui les génèrent sont réalisées et là où la valeur est créée. Les stratégies de planification fiscale qui s'appuient sur des règles périmées ou sur des dispositifs nationaux mal coordonnés seront caduques.

La mise en œuvre revêt donc une importance cruciale à ce stade. L'application des mesures prévues passe par des modifications de la législation et des pratiques nationales et par l'adoption de nouvelles dispositions conventionnelles, grâce à la négociation d'un instrument multilatéral qui devrait aboutir en 2016. Les pays de l'OCDE et du G20 ont également décidé de poursuivre leur coopération en vue de garantir une application cohérente et coordonnée des recommandations issues du projet BEPS. La mondialisation exige de trouver des solutions de portée mondiale et de nouer un dialogue mondial qui va au-delà des pays de l'OCDE et du G20. Pour promouvoir cet objectif, les pays de l'OCDE et du G20 concevront en 2016 un mécanisme complet de suivi auquel tous les pays intéressés participeront sur un pied d'égalité.

Une meilleure compréhension de la manière dont les recommandations issues du projet BEPS sont mises en pratique pourrait limiter les malentendus et les différends entre États. Une attention accrue portée à la mise en œuvre des actions et à l'administration de l'impôt pourrait être bénéfique tant pour les États que pour les entreprises. Enfin, des solutions sont proposées pour améliorer les données et les analyses, ce qui permettra d'évaluer et de quantifier régulièrement l'impact des mécanismes d'érosion de la base d'imposition et transfert de bénéfices et les résultats des mesures issues du projet BEPS appliquées pour lutter contre ces pratiques.

Table des matières

Abréviations et acronymes

ASACR	Association sud-asiatique de coopération régionale
BEPS	Érosion de la base d'imposition et le transfert de bénéfices (*Base erosion and profit shifting*)
CAF	Comité des affaires fiscales
CVDT	Convention de Vienne sur le droit des traités
OCDE	Organisation de coopération et de développement économiques
OIAC	Organisation internationale de l'aviation civile
OIT	Organisation internationale du travail
PAA	Procédure d'accord amiable

Synthèse

L'approbation du *Plan d'action concernant l'érosion de la base d'imposition et le transfert de bénéfices* (le Plan d'action, OCDE, 2013) par les dirigeants des pays du G20 à Saint-Pétersbourg en septembre 2013 témoigne de l'appui politique sans précédent en faveur de l'adaptation du système fiscal international actuel aux défis de la mondialisation. Les conventions fiscales sont fondées sur un ensemble de principes communs visant à éliminer la double imposition susceptible de se produire dans les échanges et les investissements transnationaux. Le réseau actuel de conventions fiscales bilatérales date des années 20 et du premier Modèle de convention fiscale non contraignant élaboré par la Société des Nations. Par la suite, l'Organisation de coopération et de développement économiques (OCDE) et les Nations Unies ont mis à jour les modèles de convention fiscale en s'inspirant de ces travaux. Leur contenu se retrouve dans des milliers d'accords bilatéraux conclus par des juridictions.

La mondialisation a amplifié l'impact des écarts et des frictions entre les systèmes fiscaux des différents pays, rendant nécessaire le réexamen de certaines caractéristiques du système actuel de conventions fiscales bilatérales qui facilitent les pratiques d'érosion de la base d'imposition et de transfert de bénéfices (BEPS selon l'acronyme anglais). Au-delà des défis que le système actuel de conventions fiscales doit relever sur le fond, le grand nombre de conventions bilatérales complique singulièrement la mise à jour du réseau actuel de conventions fiscales. Même lorsqu'une modification du Modèle de convention fiscale fait consensus, il faut beaucoup de temps et de moyens pour la transcrire dans la plupart des conventions fiscales bilatérales. Dès lors, le réseau existant n'est pas bien synchronisé avec les modèles de convention fiscale, et les difficultés qui surgissent au fil du temps ne peuvent pas être rapidement corrigées. En l'absence de mécanisme garantissant une mise en œuvre rapide, les modifications apportées aux modèles ne font que creuser davantage les écarts entre le contenu de ces modèles et celui des conventions fiscales en vigueur. De toute évidence, cette évolution va à l'encontre de l'objectif politique de renforcer le système actuel en mettant fin aux pratiques d'érosion de la base d'imposition et de transfert de bénéfices, en partie en modifiant le réseau de conventions bilatérales. Ce travail est nécessaire non seulement pour combattre ces pratiques, mais aussi pour garantir la viabilité du cadre consensuel adopté pour éliminer la double imposition. C'est pourquoi les États ont décidé d'étudier la faisabilité d'un instrument multilatéral qui produirait les mêmes effets qu'une renégociation simultanée de milliers de conventions fiscales bilatérales.

L'Action 15 du Plan d'action concernant BEPS prévoit l'analyse des questions de droit fiscal et de droit international public que pose l'élaboration d'un instrument multilatéral qui permettrait aux pays qui le souhaitent de mettre en œuvre les mesures résultant des travaux sur BEPS, et de modifier les conventions fiscales bilatérales. À partir de cette analyse, les pays intéressés développeront un instrument multilatéral offrant une approche innovante de la fiscalité internationale tenant compte des transformations rapides de l'économie mondiale et de la nécessité de s'adapter sans délai à cette évolution. L'objectif de l'Action 15 est de rationaliser la mise en œuvre des mesures du Plan d'action relatives aux conventions fiscales. Il s'agit d'une démarche innovante qui est sans véritable précédent dans la sphère fiscale, même si des conventions bilatérales ont déjà été modifiées par un instrument multilatéral dans d'autres domaines du droit international public. En puisant dans les compétences de spécialistes de droit international public et de la fiscalité, le rapport publié en 2014, reproduit ci-après, a examiné la faisabilité technique d'une approche multilatérale contraignante et ses conséquences sur le système actuel de conventions fiscales. Il met en évidence les difficultés que pose l'élaboration d'un tel instrument et analyse les enjeux liés à la fiscalité internationale, au droit international public et aux questions politiques découlant d'une telle approche.

Le rapport publié en 2014 a également conclu qu'un instrument multilatéral est souhaitable et possible, et que les négociations s'y rapportant devraient être rapidement engagées. Sur la base de cette analyse, un mandat relatif à la mise en place d'un Groupe ad hoc (ci-après « le Groupe ») chargé de l'élaboration d'un instrument multilatéral sur les mesures relatives aux conventions fiscales pour combattre BEPS, reproduit ci-après, a été approuvé par le Comité des affaires fiscales de l'OCDE et par les ministres des finances et les gouverneurs de banque centrale des pays du G20 lors de leur réunion de février 2015. Le Groupe est ouvert à tous les pays intéressés sur un pied d'égalité et bénéficie de l'appui du Secrétariat de l'OCDE. Le Groupe a débuté ses travaux en mai 2015 avec pour objectif de les conclure et d'ouvrir l'instrument multilatéral à la signature d'ici au 31 décembre 2016. La participation au développement de l'instrument multilatéral est volontaire et n'engage d'aucune façon les parties à signer l'instrument lorsqu'il aura été finalisé.

Mandat pour l'élaboration d'un instrument multilatéral sur les mesures relatives aux conventions fiscales visant à lutter contre le BEPS

Préambule

Reconnaissant que l'Action 15 du Plan d'action concernant l'érosion de la base d'imposition et le transfert de bénéfices (BEPS) appelle à l'élaboration d'un instrument multilatéral en vue de mettre en œuvre les mesures arrêtées au cours des travaux sur le BEPS et de modifier les conventions fiscales bilatérales existantes ;

Considérant que le Rapport intitulé « Élaborer un instrument multilatéral en vue de modifier les conventions fiscales bilatérales », approuvé par le Comité des affaires fiscales et entériné par les dirigeants des pays du G20, conclut qu'un instrument multilatéral est souhaitable et possible, et que les négociations s'y rapportant devraient être rapidement engagées ;

Notant que, dans leur Communiqué adopté à Brisbane le 16 novembre 2014, les dirigeants des pays du G20 saluent les progrès significatifs réalisés grâce au Plan d'action concernant l'érosion de la base d'imposition et le transfert de bénéfices (BEPS) pour « moderniser les règles fiscales internationales »,

Les pays qui participent au projet BEPS mené par l'OCDE et le G20 sont convenus de mettre en place un Groupe ad hoc (ci-après « le Groupe ») investi du mandat énoncé ci-dessous. Ils reconnaissent que le Groupe n'est pas un organe formel ou informel de l'OCDE et que, dès lors, la participation des non-Membres de l'OCDE à ce Groupe n'établit pas, et ne peut être interprétée comme établissant, un précédent pour ce qui concerne les procédures de l'OCDE relatives à la participation des non-Membres aux activités de l'Organisation.

A. Objectif

1. Le Groupe élaborera un instrument multilatéral destiné uniquement à modifier les conventions fiscales bilatérales existantes dans le but de mettre en œuvre rapidement les mesures relatives aux conventions fiscales élaborées dans le cadre du projet BEPS OCDE-G20.

B. Participation

1. La participation au Groupe est ouverte à tous les États intéressés.
2. Tous les membres du Groupe participent sur un pied d'égalité.
3. Les juridictions non-étatiques sont autorisées à participer au Groupe en qualité d'observateur sur invitation spécifique du Groupe.
4. Les organisations internationales et régionales compétentes peuvent être invitées par le Groupe à participer en qualité d'observateur.

C. Durée

1. Le Groupe débutera ses travaux en juillet 2015 au plus tard.
2. Le Groupe s'emploiera à conclure ses travaux et à ouvrir l'instrument multilatéral à la signature d'ici au 31 décembre 2016.
3. Le mandat du Groupe prendra fin à l'ouverture de l'instrument multilatéral à la signature.

D. Gouvernance

1. La session plénière du Groupe est son organe décisionnaire.
2. La session plénière est assistée :
   a. d'un Bureau nommé par le Groupe en session plénière qui préparera et orientera les travaux du Groupe ; et
   b. de sous-groupes ou d'organes existants de l'OCDE, constitués en tant que de besoin par le Groupe en session plénière.
3. La session plénière du Groupe désignera un Président et deux Vice-présidents lors de sa première réunion, qui seront également le Président et les Vice-présidents du Bureau.
4. Le Groupe est placé sous l'égide de l'OCDE et du G20 et bénéficie de l'appui du Secrétariat de l'OCDE.
5. Le fonctionnement du Groupe et de ses sous-groupes sera régi par le Règlement de procédure de l'OCDE et par les dispositions du droit international portant sur l'élaboration et la conclusion des traités.
6. Le Groupe tiendra le Comité des affaires fiscales (ci-après « le Comité ») régulièrement informé des progrès accomplis et consultera au besoin le Comité et ses organes subsidiaires.

E. Financement

1. Le fonctionnement du Groupe sera financé par ses membres.
2. Les membres et les observateurs auprès du Groupe devront assumer les coûts de leur participation aux travaux du Groupe.

Rapport 2014 : L'élaboration d'un instrument multilatéral pour modifier les conventions fiscales bilatérales

Introduction

1. **La lutte contre les pratiques d'érosion de la base d'imposition et de transfert de bénéfices bénéficie d'un fort soutien politique.** Dans un contexte marqué par des mesures drastiques d'assainissement des finances publiques et des difficultés sociales, cette lutte est devenue une priorité de premier ordre pour les pouvoirs publics. Ces pratiques se rapportent principalement aux circonstances dans lesquelles les interactions entre des règles fiscales différentes débouchent sur une double exonération ou sur une imposition insuffisante. Elles recouvrent également les dispositifs utilisés pour aboutir à un impôt nul ou faible grâce au transfert des bénéfices hors des pays dans lesquels se déroulent les activités qui génèrent ces bénéfices. Le Projet BEPS mené conjointement par l'OCDE et le G20 vise à apporter une réponse d'ensemble à ces problèmes.

2. **Le système actuel de conventions fiscales bilatérales se concentre sur l'élimination de la double imposition.** Les interactions entre différents systèmes fiscaux nationaux peuvent entraîner des chevauchements, dans l'exercice des droits d'imposition, qui peuvent déboucher sur une double imposition. Si par exemple un revenu est perçu dans un pays (le « pays de la source ») par un résident d'un autre pays (le « pays de la résidence »), ces deux pays sont fondés à imposer ce revenu en vertu de leur droit interne. Les conventions internationales visant à éliminer cette double imposition, qui pour beaucoup reposent sur les principes établis par la Société des Nations dans les années 20, visent à remédier à ces chevauchements afin de minimiser les distorsions des échanges et les obstacles à une croissance économique durable. Le réseau ainsi constitué, qui réunit plus de 3 000 conventions fiscales bilatérales basées sur des modèles de conventions fiscales, a une grande valeur car il garantit une large cohérence des règles fiscales applicables aux échanges et aux investissements internationaux. Tous les pays conviennent de la nécessité d'éliminer la double imposition et, pour ce faire, d'adopter des règles internationales qui soient claires, prévisibles et porteuses de certitude pour les entreprises comme pour les pouvoirs publics.

3. **Toutefois, certaines caractéristiques du système actuel de conventions fiscales facilitent les pratiques d'érosion de la base d'imposition et de transfert de bénéfices.** Les relations qui unissent les législations fiscales nationales et le cadre fiscal international constituent un pilier de la croissance de l'économie mondiale. Toutefois, la mondialisation a bouleversé les modèles économiques traditionnels, exacerbant les écarts et les frictions qui ont toujours existé entre les conventions fiscales bilatérales. Il arrive que certaines dispositions de conventions fiscales soient exploitées, parfois en lien avec les règles fiscales nationales, pour faire en sorte que des revenus considérables ne soient taxés nulle part. En outre, les conventions fiscales bilatérales existantes présentent de nombreuses différences, qui ne sont pas toujours nécessaires pour rendre compte des spécificités des relations économiques entre les deux États contractants. Au contraire, certaines différences dans les détails semblent résulter du fait que les conventions ont été négociées sur une période de temps assez longue, et ces divergences créent dans certains cas des possibilités d'érosion de la base d'imposition et de transfert de bénéfices qui sont alors exploitées par certains contribuables.

4. **Des changements s'imposent pour supprimer les possibilités de double exonération qu'offre le système actuel de conventions fiscales.** Le Plan d'action voit dans l'utilisation abusive des conventions fiscales l'un des principaux vecteurs des pratiques d'érosion de la base d'imposition et de transfert de bénéfices. Les spécialistes des conventions fiscales des pays membres et non membres de l'OCDE s'accordent sur la nécessité de modifier les modèles de convention fiscale, ainsi que les conventions bilatérales qui s'en inspirent, pour mettre fin à ces abus ou les réduire significativement. Des spécialistes de la négociation de conventions fiscales de pays membres de l'OCDE et du G20 examinent actuellement un large éventail de questions spécifiques aux modèles de convention fiscale actuels, et envisagent notamment de réviser la définition de l'établissement stable et d'améliorer les mécanismes de règlement des différends. Ces spécialistes ont également identifié la nécessité de compléter les modèles de convention fiscale par des dispositions portant spécifiquement sur des aspects généralement non traités, notamment l'introduction d'une clause anti-abus en lien avec les montages hybrides, et la compatibilité de certaines mesures de lutte contre le phénomène BEPS avec les conventions fiscales. Ces travaux devraient être finalisés en 2015.

5. **En raison du nombre considérable de conventions bilatérales, leur mise à jour serait un processus fastidieux et contraignant qui limiterait l'efficacité des efforts multilatéraux.** Une fois adoptée à un niveau multilatéral, il faut beaucoup de temps et de moyens pour transcrire une modification d'un modèle de convention fiscale dans les nombreuses conventions bilatérales. De fait, renégocier le réseau de conventions d'un pays prend des décennies. Dès lors, le réseau existant n'est pas bien synchronisé avec les modèles de convention fiscale. Étant donné que les conventions proprement dites sont conclues de nombreuses années après les modèles dont elles se sont inspirées, il faut beaucoup de temps pour mettre en œuvre des modifications des modèles décidées au niveau multilatéral.

6. **Or, le changement revêt un caractère d'urgence, ce qui représente à la fois un défi et une chance unique.** Le Plan d'action concernant BEPS a été élaboré rapidement en raison de l'impératif politique de lutter contre ces pratiques, et la communauté internationale s'attend à ce que les solutions arrêtées pour résoudre le problème soient mises en œuvre rapidement. Néanmoins, le procédé qui consisterait à apporter des modifications, adoptées au niveau multilatéral, aux modèles de Convention fiscale ne ferait qu'aggraver les différences de contenu entre ces modèles et les traités proprement dits. Pour s'attaquer à l'érosion de la base d'imposition et au transfert de bénéfices dans des délais raisonnables, il faut donc élaborer un mécanisme permettant une mise en œuvre accélérée. Cette tâche est certes difficile, mais elle offre l'occasion unique de moderniser l'architecture du réseau international de conventions fiscales.

7. **Un instrument multilatéral peut régler les problèmes de BEPS liées aux conventions fiscales tout en respectant l'autonomie souveraine en matière fiscale.** Le concept d'autonomie souveraine est un principe fondamental qui sous-tend l'ordre international et qui constitue le fondement de la négociation de traités internationaux. En matière fiscale, ce concept est le ciment du cadre stable au sein duquel les États ont pu élaborer des dispositifs permettant à l'ensemble des économies de marché de tirer avantage de la mondialisation. Historiquement, les gouvernements ont recouru au droit interne et aux traités bilatéraux pour parvenir à un juste équilibre entre souveraineté nationale et coopération internationale dans ce domaine. Les pratiques d'érosion de la base d'imposition et de transfert de bénéfices étant la résultante des interactions entre les législations et les traités de multiples pays, les gouvernements doivent intensifier leur collaboration par le biais d'un instrument multilatéral contraignant visant à la fois à empêcher que le réseau de conventions fiscales facilite ces pratiques et à protéger la souveraineté fiscale des États. Conscient de l'importance de garantir le respect de cette

souveraineté, ce rapport se concentre sur la mise en œuvre des mesures liées aux conventions fiscales, même si un instrument multilatéral pourrait, en principe, également être utilisé pour prendre des engagements quant à la mise en œuvre des mesures liées au droit interne.

8. **Un instrument multilatéral facilite une action rapide et favorise l'innovation.** Il permettra de déployer les mesures adoptées dans des délais raisonnables tout en préservant la nature bilatérale des conventions fiscales. Cette approche innovante procure au moins trois avantages importants. Premièrement, elle contribuerait à faire en sorte que l'instrument multilatéral soit étroitement ciblé. Deuxièmement, elle permettait de synchroniser les modifications de l'ensemble des conventions bilatérales existantes concernant les problématiques BEPS, sans devoir remanier chacune d'elles individuellement (plus de 3 000 au total). Troisièmement, elle répondrait à l'impératif politique qui anime le Projet BEPS : combattre les abus qui ouvrent la voie à ces pratiques et donner aux pouvoirs publics les moyens d'atteindre rapidement leurs objectifs en matière de politique fiscale internationale sans créer le risque de violations des traités bilatéraux existants qu'induirait le recours à des mesures unilatérales et non coordonnées.

9. **Surmonter les obstacles traditionnels à une mise en œuvre rapide des mesures adoptées dans le domaine des conventions fiscales nécessite une volonté politique d'agir.** L'efficacité et l'innovation que procurerait un instrument multilatéral ciblé s'accompagnent de certains défis. Premièrement, les dispositions des conventions bilatérales présentent de nombreuses variations au niveau des détails, et il y a peu de précédents relatifs à l'utilisation d'un instrument multilatéral pour modifier des conventions bilatérales. Il convient donc de prêter une attention toute particulière aux difficultés techniques. Deuxièmement, même si des solutions existent aux problèmes techniques, faire des compromis entre assurer le respect des droits souverains, garantir la cohérence et obtenir le consentement d'une masse critique de juridictions requièrent un solide appui au plus haut niveau politique. Relever ces défis est nécessaire non seulement pour lutter contre l'érosion de la base d'imposition et le transfert de bénéfices, mais aussi pour renforcer le cadre consensuel mis en place pour éliminer la double imposition et en garantir la viabilité à l'avenir. Avec une volonté politique, même les problèmes les plus épineux liés aux conventions peuvent trouver une solution rapide et efficace. Les travaux récents consacrés à la Convention concernant l'assistance administrative mutuelle en matière fiscale, entrepris à la demande du G20 pour répondre à la volonté des dirigeants de combattre la fraude fiscale extraterritoriale, illustrent l'impact que les initiatives du G20 peuvent avoir dans le domaine de la fiscalité internationale.

10. **Ce rapport conclut qu'un instrument multilatéral est souhaitable et possible, et que les négociations à cet effet devraient être rapidement organisées.** Le présent rapport passe en revue les questions posées par l'utilisation d'un instrument multilatéral ciblé afin de modifier les conventions fiscales, et procède à une analyse de haut niveau des questions à la fois techniques (droit international public et droit fiscal international) et politiques qui en résultent. Il souligne la faisabilité d'une approche multilatérale pour rationaliser la mise en œuvre du Plan d'action concernant BEPS afin de répondre à l'état d'urgence actuel et d'en accroître l'efficacité. Il conclut qu'un instrument multilatéral est souhaitable et possible et devrait être négocié lors d'une conférence internationale ouverte aux pays du G20, aux pays membres de l'OCDE et à d'autres pays intéressés, et organisée sous les auspices de l'OCDE et du G20. Le mandat de cette conférence devrait être limité dans sa portée (à la mise en œuvre du Plan d'action concernant BEPS) et dans sa durée (maximum de 2 ans). Les participants à la conférence pourraient aussi être invités à réfléchir aux mesures supplémentaires qu'il conviendrait de prendre pour rationaliser davantage encore la mise en œuvre des modifications qu'il a été décidé d'apporter aux modèles de convention fiscale existants, et à formuler des recommandations à cet égard.

La Convention concernant l'assistance administrative mutuelle en matière fiscale, ou l'histoire d'une réussite récente

La *Convention concernant l'assistance administrative mutuelle en matière fiscale* (la « Convention ») a été ouverte à la signature des pays membres du Conseil de l'Europe et de l'OCDE en 1988, est entrée en vigueur en 1995 et comptait 14 signataires seulement en 2009. Au cours du Sommet de Londres en avril 2009, les dirigeants des pays du G20 ont demandé à l'OCDE de moderniser cet instrument en vue de l'aligner sur les normes internationales modernes en matière d'échange de renseignements, et de l'ouvrir à tous les pays, en indiquant dans la *Déclaration du G20 sur le renforcement du système financier* avoir « *pris l'engagement d'élaborer, d'ici à fin 2009, des propositions permettant aux pays en développement de bénéficier plus facilement d'un nouvel environnement fiscal coopératif* » (G20, 2009). Un Protocole à la Convention a été négocié en 2009, et la Convention amendée a été présentée lors de la réunion annuelle du Conseil de l'OCDE au niveau des Ministres de mai 2010. La Convention amendée et le Protocole d'amendement ont été ouverts à la signature par de nombreux pays le 1er juin 2011. Le 3 juillet 2014, 66 pays, y compris tous ceux du G20, avaient signé la Convention amendée et 14 juridictions étaient couvertes par extension territoriale. La Convention – instrument juridique multilatéral unique – accomplit des fonctions qui, à défaut, auraient nécessité la négociation de plus de 1 800 nouveaux accords bilatéraux. Grâce à la Convention, le G20 a entrepris rapidement et efficacement une amélioration radicale, à l'échelle mondiale, de la transparence des affaires fiscales internationales.

1. Un instrument multilatéral est souhaitable et possible

A. Élaborer un instrument multilatéral est souhaitable : les avantages sont considérables, tandis que les inconvénients peuvent être évités ou surmontés

11. **À terme, les modifications du Modèle OCDE de Convention concernant le revenu et la fortune (ci-après le « Modèle OCDE ») visent à apporter des changements au réseau de conventions fiscales bilatérales qui constituent un pilier de l'architecture fiscale internationale au sens large.** Les dirigeants des pays du G20 ont approuvé le Plan d'action concernant BEPS et se sont engagés à prendre les mesures individuelles et collectives nécessaires pour s'attaquer à ces pratiques. Les 15 points du Plan d'action portent sur trois différents domaines : des recommandations portant sur le droit interne et prenant la forme de pratiques exemplaires et de règles nationales types, autres rapports, ainsi que des modifications du Modèle OCDE et lignes directrices, convenues à l'échelle internationale, s'agissant des questions de mise en œuvre. Les aspects relatifs aux conventions fiscales sont reconnus comme étant un axe essentiel du Projet BEPS. L'élaboration d'un instrument multilatéral visant à traiter les questions relatives aux conventions nécessite avant tout un accord quant au contenu des mesures requises pour lutter contre ce phénomène. Les groupes de travail progressent à bon rythme vers cet objectif. De fait, les premiers résultats seront rendus publics en même temps que ce rapport, et d'autres sont attendus d'ici 2015.

12. **Une négociation multilatérale permettrait de surmonter l'obstacle que représenteraient des négociations bilatérales fastidieuses et de gagner en efficacité.** Sachant que les négociations bilatérales de conventions fiscales s'étaleraient sur des décennies, un instrument multilatéral est le seul moyen de répondre aux problématiques BEPS liées aux conventions fiscales de manière rapide et coordonnée. Le réseau actuel de conventions bilatérales est très complexe parce que chaque convention est un instrument juridiquement distinct qui n'a pas une relation définie avec les autres conventions bilatérales. Dès lors, les avocats, agents d'administrations fiscales et tribunaux consacrent beaucoup d'énergie à interpréter chaque convention, surtout lorsque les différences entre conventions sont minimes. Ce problème serait exacerbé si diverses mesures anti-BEPS devaient être incluses dans des milliers de nouveaux protocoles bilatéraux aux traités existants. À contrario, l'instrument multilatéral aboutirait à des résultats synchronisés qui épargneraient des ressources et amélioreraient la clarté des règles relatives à BEPS contenues dans les conventions fiscales internationales. Ces avantages s'ajoutent au fait que seul un instrument multilatéral peut résoudre les difficultés pratiques que poserait la modification rapide d'un réseau comptant plus de 3 000 conventions bilatérales.

13. **L'instrument multilatéral peut donner aux pays en développement la possibilité de bénéficier pleinement du Projet BEPS.** Les pays en développement rencontrent davantage de problèmes pratiques que les pays développés lorsqu'ils tentent de faire face aux risques d'érosion de la base d'imposition et de transfert de bénéfices induits par le

système de conventions bilatérales. Les pays en développement se heurtent à plus de difficultés que d'autres pays pour conclure des conventions de double imposition et pour inciter d'autres pays à (re)négocier des conventions fiscales; en outre, leurs compétences en matière de négociation de conventions fiscales sont souvent plus limitées que celles les gouvernements d'économies développées. Par conséquent, un instrument multilatéral offre aux pays en développement une meilleure chance de tirer profit des efforts multilatéraux déployés pour lutter contre BEPS. Dans une négociation multilatérale, les gouvernants de pays en développement partageant une vision commune peuvent coopérer et mettre en commun leurs compétences pour être plus efficaces.

14. **Certaines questions sont beaucoup plus faciles à traiter multilatéralement qu'au moyen d'instruments bilatéraux.** À l'origine, l'architecture des conventions bilatérales n'était pas conçue pour faire face à une mobilité élevée des facteurs et à des chaînes de valeur mondiales. Par exemple, la mondialisation accroît considérablement la nécessité de régler des différends fiscaux impliquant plusieurs pays. Bien que les autorités compétentes au sein d'administrations fiscales aient manifesté leur intérêt en faveur de l'établissement d'une procédure d'accord amiable (PAA) multilatérale pour régler ce type de différends, certains pays anticipent des contraintes juridiques en l'absence d'un instrument contraignant autorisant les PAA multilatérales. D'autres pays ne pensent pas pouvoir utiliser la PAA pour résoudre des cas relatifs à des questions qui ne sont pas expressément traitées dans leurs conventions fiscales bilatérales en l'absence d'un instrument juridique international qui leur octroie cette compétence. Il est aisé de surmonter ces obstacles et d'autres écueils juridiques qui surgissent lors d'une PAA multilatérale si l'on opte pour un instrument multilatéral.

15. **Un instrument multilatéral peut améliorer la cohérence et contribuer à pérenniser la fiabilité du réseau international de conventions fiscales, tout en offrant une certitude supplémentaire aux entreprises.** Contrairement aux modifications de milliers de conventions fiscales bilatérales, un instrument multilatéral ciblé sur les mesures BEPS aurait beaucoup plus de chances d'aboutir à des résultats cohérents. De par sa nature multilatérale, cet instrument focaliserait l'attention de nombreux négociateurs aguerris sur un seul instrument qui contiendrait le texte jugé le plus approprié pour tous les pays concernés. En outre, l'existence d'un texte unique, par opposition à des milliers de textes similaires mais légèrement différents, serait plus propice à une interprétation cohérente entre pays. Dès lors, une compréhension internationale commune se développerait quant à la signification des dispositions de l'instrument multilatéral. En apportant une réponse définitive à un certain nombre de questions controversées entourant les règles fiscales internationales, un tel instrument pourrait rétablir la clarté et garantir une certitude à l'avenir quant au statut de règles importantes sur lesquelles les entreprises s'appuient pour pouvoir investir avec confiance à l'étranger.

16. **Le succès passe par la flexibilité, le respect des relations bilatérales et une portée ciblée.** Les bienfaits d'une mise en œuvre rapide, d'une cohérence renforcée, de la certitude et de l'efficacité ne peuvent se concrétiser que si les spécificités bilatérales et la souveraineté fiscale sont pleinement respectées, pour éviter que le processus ne s'enlise ou n'intéresse qu'un trop petit nombre de pays. Permettre aux pays d'adapter les engagements pris en vertu de l'instrument dans certains cas bien définis peut répondre en partie à ces préoccupations. En revanche, pour aller de l'avant dans la lutte contre BEPS, les pays voudront obtenir l'assurance que les autres pays feront de même simultanément. C'est pourquoi les parties pourraient s'accorder sur un ensemble fondamental de dispositions au titre de l'instrument multilatéral et, en ce qui concerne d'autres questions couvertes par l'instrument, avoir la possibilité d'inclure (*opt-in*) ou d'exclure (*opt-out*) certaines dispositions ou de choisir entre plusieurs dispositions clairement délimitées. Les négociations tiendraient ainsi compte des

spécificités bilatérales, renforceraient les objectifs de l'action publique et réaffirmeraient le principe de souveraineté fiscale face à la mondialisation.

17. **Dans le même temps, seule une large participation est à même de garantir des règles du jeu identiques pour tous.** Certaines dispositions du volet du Projet BEPS ayant trait aux conventions fiscales nécessitent une large participation pour répondre efficacement aux problématiques. Aussi, pour établir des règles du jeu identiques et assurer un partage équitable de la charge fiscale, la souplesse et le respect des relations bilatérales devront être contrebalancés par des engagements fondamentaux qui reflètent les nouvelles normes internationales auxquelles les pays doivent se conformer et pour lesquelles l'instrument multilatéral constitue une aide.

B. L'élaboration d'un instrument multilatéral est possible : il existe des mécanismes juridiques permettant d'aboutir à un instrument équilibré et à la hauteur des défis techniques et politiques.

18. **Les difficultés technico-juridiques soulevées par la modification de l'architecture des conventions fiscales internationales au moyen d'un instrument multilatéral nécessiteront une attention toute particulière.** Néanmoins, une analyse des précédents dans d'autres domaines du droit international et du détail des propositions de modification des modèles de convention fiscale révèle que la mise au point d'un instrument multilatéral visant à déployer rapidement les changements adoptés est parfaitement réalisable d'un point de vue juridique.

19. **L'instrument multilatéral coexisterait avec le réseau actuel de conventions fiscales bilatérales.** L'approche la plus prometteuse pour atteindre l'objectif de modifier, de façon coordonnée, le réseau de plus de 3 000 conventions fiscales différentes consiste à mettre en place un instrument multilatéral qui coexisterait avec les conventions fiscales bilatérales. À l'instar des conventions fiscales existantes, cet instrument serait régi par le droit international et serait juridiquement contraignant pour les parties. Il modifierait un nombre limité de dispositions communes à la plupart des conventions bilatérales existantes et, pour les conventions qui ne contiennent pas déjà ces dispositions, en ajouterait de nouvelles spécialement destinées à combattre BEPS. Il pourrait également préciser si d'autres mesures anti-BEPS adoptées au cours du Projet BEPS sont compatibles avec les conventions fiscales. L'instrument multilatéral pourrait être accompagné d'un rapport explicatif qui faciliterait la mise en œuvre des dispositions qui y figurent.

20. **Cette approche permettrait de disposer d'un instrument multilatéral étroitement ciblé et efficace.** La coexistence d'un instrument multilatéral avec les conventions fiscales bilatérales est considérée comme plus judicieuse que d'autres approches car plus efficace et plus ciblée. D'autres options ont été évaluées, notamment : *(1)* l'utilisation d'un « instrument autonome » qui abrogerait intégralement les conventions bilatérales et qui régirait la relation entre l'ensemble des parties, qu'elles aient ou non conclu des conventions fiscales bilatérales entre elles ; et *(2)* un instrument ayant pour unique objet de jouer le rôle d'un ensemble de « protocoles d'amendement » qui modifieraient dans les détails le texte divergent de chacune des plus de 3 000 conventions fiscales. Il a été estimé qu'un « instrument autonome » qui abrogerait entièrement les conventions bilatérales aurait une portée trop large compte tenu de l'importance des relations bilatérales dans les affaires fiscales internationales et de la nécessité de préserver la souveraineté fiscale. On a également jugé qu'un ensemble de « protocoles d'amendement » serait moins attrayant qu'un instrument multilatéral coexistant parce qu'il serait à la fois plus complexe techniquement et moins efficace. Par conséquent, cette approche a été considérée comme trop contraignante et fastidieuse pour

atteindre l'objectif central de l'instrument multilatéral, celui de mettre en œuvre rapidement les mesures de lutte contre l'érosion de la base d'imposition et le transfert de bénéfices se rapportant aux conventions fiscales.

21. **La négociation d'un instrument multilatéral obéirait à des procédures établies, et sa ratification ferait intervenir les procédures internes habituelles prévues par les législations des États.** L'objet de cet instrument serait d'assurer une mise en œuvre efficace et efficiente des mesures adoptées au titre du Projet BEPS en lien avec le fonctionnement des conventions fiscales. Une fois les répercussions de cette solution innovante soigneusement évaluées et prises en compte, une conférence internationale négocierait le contenu et le texte proprement dit de l'instrument multilatéral, qui serait alors soumis aux procédures habituelles de ratification de chacune des parties. Par conséquent, la négociation de cet instrument multilatéral obéirait à des processus classiques, et sa ratification serait régie par les législations nationales.

22. **La relation entre les parties à un instrument multilatéral qui ne sont pas parties à une convention fiscale bilatérale entre-elles ne serait pas affectée.** Dans certaines circonstances, les parties à un instrument multilatéral n'auront pas encore conclu de convention fiscale bilatérale entre elles. En général, un instrument multilatéral régirait uniquement la relation entre les parties qui ont conclu des conventions fiscales bilatérales entre elles. Pourrait faire exception à cette règle générale un mécanisme multilatéral de règlement des différends applicable à l'ensemble des parties à l'instrument, y compris lorsque certaines d'entre elles n'entretiennent pas de relations conventionnelles bilatérales[1]. Lors de cette conférence internationale, les négociateurs auraient également à examiner la question spécifique de savoir si cet instrument multilatéral imposerait des obligations aux États qui en sont parties dans le cas où deux États concluent pour la première fois une convention fiscale bilatérale portant sur la même matière après être devenus parties à l'instrument. D'un point de vue juridique, on pourrait faire en sorte que les dispositions pertinentes s'appliquent en pareil cas, et une décision devra donc être prise au niveau politique.

23. **Les difficultés techniques générées par les interactions entre un instrument multilatéral et des conventions fiscales bilatérales peuvent être résolues.**

- **Les variations de portée entre des dispositions similaires de conventions fiscales existantes peuvent être résolues efficacement.** Les objectifs attendus du Projet BEPS concernant les conventions fiscales tiendront compte des meilleures pratiques actuelles en matière de négociation de conventions fiscales ; dès lors, les dispositions d'un instrument multilatéral pourraient dans une certaine mesure recouper des dispositions figurant dans certaines conventions fiscales bilatérales. Des conflits pourraient résulter de l'interaction entre de nouvelles dispositions convenues au niveau multilatéral et des dispositions analogues contenues dans des conventions bilatérales existantes qui portent en tout ou partie sur le même sujet. Cela conduit à se demander si les dispositions figurant dans des conventions bilatérales existantes devraient rester partiellement ou totalement applicables, à côté de dispositions, adoptées au niveau multilatéral, visant à répondre aux mêmes questions fondamentales, et si oui dans quelles circonstances et dans quelle mesure. D'un point de vue juridique, l'interaction entre des dispositions multilatérales et des dispositions analogues contenues dans des conventions bilatérales existantes pourrait être résolue par l'ajout de clauses de « compatibilité » (ou clauses de « primauté ») dans l'instrument multilatéral.
- **Des écarts de formulation de dispositions similaires figurant dans des conventions bilatérales existantes pourraient être aplanis en utilisant du langage visant**

à l'abrogation dans l'instrument multilatéral. Recourir à un instrument multilatéral pour apporter des modifications convenues par l'ensemble des parties peut entraîner des difficultés techniques dues à des différences de formulation entre les conventions bilatérales existantes. Pour savoir si cette situation constitue un réel problème, il faut déterminer si chacun des résultats visés par le Projet BEPS concernant les conventions constitue une mesure autonome qui complète aisément des conventions existantes, ou s'il est étroitement tributaire de concepts existants déjà définis dans les modèles de convention fiscale. Dans ce dernier cas de figure, si ces concepts ne figurent pas dans certaines conventions bilatérales ou y ont une signification différente, un instrument multilatéral ne pourra pas présumer l'utilisation uniforme du concept défini dans le Modèle de Convention fiscale. Cependant, les négociateurs d'un instrument multilatéral peuvent régler cette question en veillant à ce que l'instrument définisse ses propres termes s'il y a lieu, et le fasse selon des modalités compatibles avec tout l'éventail des conventions bilatérales existantes. De même, désigner la disposition de conventions bilatérales existantes qui est traitée dans un instrument multilatéral au moyen d'une description générale plutôt que de références croisées spécifiques peut faire en sorte que des différences minimes de formulation de dispositions de conventions fiscales existantes n'empêchent pas un effet et une mise en œuvre uniformes d'une disposition convenue dans un instrument multilatéral. Le rapport explicatif peut donner des exemples et promouvoir une compréhension commune des interactions entre l'instrument multilatéral et les conventions bilatérales existantes.

- **Une rédaction attentive permet de remédier aux différences de numérotation des dispositions.** Les mesures adoptées à l'échelon multilatéral au cours du Projet BEPS utiliseront probablement des références croisées numériques à des dispositions existantes de modèles de convention afin d'apporter des précisions techniques sur les propositions relatives aux conventions fiscales. Toutefois, dans la plupart des conventions, les références croisées numériques ne sont pas parfaitement alignées sur la numérotation des modèles de convention. Par conséquent, les références croisées aux dispositions des modèles de convention ne peuvent pas être directement transposées dans un instrument multilatéral. En principe, ce problème potentiel peut être résolu si l'instrument multilatéral évite d'employer des références croisées numériques à des articles de modèles de convention fiscale ou à des clauses spécifiques de conventions bilatérales existantes, en optant plutôt pour un texte qui fait clairement référence au contenu pertinent de conventions bilatérales. Les questions pratiques posées par cette approche seront vraisemblablement identifiées et résolues dans le cadre des négociations de l'instrument multilatéral.

- **Les délais de signature et d'entrée en vigueur peuvent être modulés dans un souci de souplesse.** Il serait notamment possible de fixer des dates différentes pour l'entrée en vigueur de l'instrument à l'égard des parties en fonction des dispositions de l'instrument (certaines dispositions pourraient entrer en vigueur au début d'une nouvelle année fiscale, tandis que d'autres prendraient effet à la date de ratification, par exemple). En outre, l'instrument multilatéral pourrait prévoir des mécanismes et des procédures spécifiques destinés à assurer un processus d'amendement rapide à l'avenir. Ces mécanismes seraient compatibles avec les processus de négociation traditionnels, et la ratification se ferait au moyen des procédures classiques prévues par les législations nationales.

- **Il existe des solutions simples pour remédier à d'autres problèmes techniques, comme les questions de langue et de traduction.** La modification de conventions fiscales bilatérales authentifiées dans des langues différentes de la langue ou des langues de l'instrument multilatéral qui font foi pourrait poser des problèmes linguistiques. Rédiger un instrument multilatéral en plusieurs langues augmenterait son coût, accroîtrait le risque de divergence entre des versions linguistiques différentes et entraînerait des difficultés pratiques d'administration. Cette question s'est déjà posée dans d'autres sphères du droit international, et diverses solutions ont été trouvées.

24. **De manière générale, une approche flexible s'impose.** Comme l'illustre le réseau existant de conventions fiscales bilatérales, les parties à un instrument multilatéral peuvent avoir des politiques fiscales qui diffèrent les unes des autres et qui ne peuvent pas être harmonisées entre toutes les parties à l'instrument. Elles ne sont pas nécessairement prêtes à prendre les mêmes engagements à l'égard de toutes les autres parties. Par conséquent, l'une des principales difficultés consistera pour les négociateurs d'un instrument multilatéral à garantir une certaine souplesse s'agissant des droits et obligations établis par la convention vis-à-vis de toutes les autres parties, ainsi que le niveau des engagements à l'égard de certaines parties, tout en maintenant la cohérence nécessaire à l'établissement de règles du jeu identiques et la transparence indispensable à la prévisibilité.

25. **Il existe pléthore de moyens juridiques pour moduler, dans certaines limites, les engagements des parties.** Un instrument multilatéral peut adapter le niveau de certains engagements à l'égard de toutes les autres parties et/ou en fonction du pays partenaire. Il existe divers outils offrant de la flexibilité et de nombreux précédents dans ce domaine. Il convient de reconnaître que certaines dispositions pourraient requérir une adoption uniforme par toutes les parties à un instrument multilatéral pour des raisons techniques.

26. **La relation avec d'autres instruments multilatéraux doit être attentivement examinée.** Lorsque les mesures proprement dites auront été élaborées, il faudra aussi se pencher sur la relation entre l'instrument multilatéral et le droit de l'Union européenne ainsi qu'avec d'autres accords multilatéraux pertinents, comme des conventions fiscales régionales telles que la Convention nordique.

27. **La négociation de l'instrument multilatéral doit être rapide pour éviter les incertitudes.** Il est essentiel que les mesures de lutte contre BEPS soient adoptées et mises en place sans délai, pour que les entreprises puissent s'adapter à la nouvelle réalité et continuent d'œuvrer en faveur de la croissance, de créer des emplois et d'encourager l'innovation. Dans le même temps, il faut souligner qu'en faisant entrer certaines questions dans le champ d'un instrument multilatéral, on risque de ralentir la mise en œuvre du Projet BEPS en repoussant le calendrier d'autres volets du Plan d'action. Dans ce contexte, il est impératif que l'instrument multilatéral soit ciblé, ait une portée bien définie et s'accompagne d'un calendrier de négociation précis.

28. **Le Projet BEPS doit aboutir à l'adoption de principes communs visant à améliorer la clarté et la prévisibilité du traitement fiscal des activités transfrontières.** Lorsque les conventions bilatérales auront été modifiées par un instrument multilatéral, il faudra définir clairement les liens entre cet instrument et les conventions bilatérales. L'une des difficultés posées par l'élaboration d'un instrument multilatéral flexible consiste à développer et mettre en place des mécanismes et des procédures de nature à garantir une parfaite transparence. D'un point de vue juridique, il existe un certain nombre de mécanismes à cet effet, comme la publication de versions de conventions bilatérales qui incluent également les dispositions pertinentes de l'instrument multilatéral, un système de notifications communiquées par des paires de parties concernant les modalités autorisées d'exclusion (*opt-out*) ou de participation (*opt-in*), etc.

29. **L'annexe au présent rapport décrit plus en détail les mécanismes disponibles pour résoudre les difficultés techniques susceptibles de résulter de l'utilisation d'un instrument multilatéral, ainsi que les précédents pertinents dans d'autres domaines du droit international.** Un groupe informel d'éminents spécialistes en droit fiscal et en droit international public a été constitué en septembre 2013 afin d'analyser, aux côtés du Secrétariat de l'OCDE, les questions découlant de l'élaboration d'un instrument multilatéral. Le Secrétariat a rédigé l'annexe technique au présent rapport, intitulée *Boîte à outils pour l'élaboration d'un instrument multilatéral destiné à mettre rapidement en œuvre les mesures BEPS*, à partir des contributions de ces spécialistes. Elle propose des solutions aux questions potentielles qui se situent à la frontière du droit fiscal et du droit international public et décrit comment l'instrument multilatéral pourrait efficacement y répondre.

Note

1. En l'absence de relations conventionnelles bilatérales entre l'ensemble des parties, un certain nombre de pays estiment qu'une PAA multilatérale ou un accord préalable multilatéral en matière de prix de transfert serait possible uniquement si l'instrument multilatéral proprement dit contient une disposition spécifique prévoyant une PAA multilatérale ainsi qu'une clause relative à l'échange de renseignements permettant d'échanger des informations sur les contribuables entre toutes les parties (à supposer qu'il n'existe pas d'autre instrument prévoyant l'échange de renseignements entre les parties, comme la Convention concernant l'assistance administrative mutuelle en matière fiscale ou un accord bilatéral d'échange de renseignements fiscaux).

2. La nature des mesures BEPS qui se rapportent aux conventions fiscales facilitera la conclusion d'un instrument multilatéral ciblé, qui pourrait être affiné à une date ultérieure.

30. **L'instrument multilatéral incarne une approche innovante pour faire face à la transformation rapide de l'économie mondiale et à la nécessité d'adapter rapidement les règles internationales.** Les modifications du Modèle OCDE visent à apporter des changements au réseau de conventions fiscales bilatérales qui constitue un pilier de l'architecture fiscale internationale au sens large. C'est notamment le cas en ce qui concerne l'introduction d'une clause anti-abus, la révision de la définition de l'établissement stable, l'amélioration des procédures de règlement des différends et l'introduction de dispositions conventionnelles en lien avec les montages hybrides. L'instrument peut aussi comporter des dispositions qui précisent la relation entre des mesures spéciales visant à lutter contre les abus et les conventions de double imposition. Comme indiqué précédemment, le principal objectif d'un instrument multilatéral serait de modifier les conventions fiscales bilatérales existantes, de façon efficace et synchronisée, en vue de mettre en œuvre les mesures élaborées au cours du Projet BEPS sans devoir renégocier chacun des traités existants (plus de 3 000 au total).

31. **Certaines mesures adoptées à l'occasion du Projet BEPS sont multilatérales par nature.** Un certain nombre de résultats du Projet BEPS relatifs aux conventions fiscales peuvent être conçus en tant que mesures autonomes qui complètent des conventions bilatérales et coexistent avec elles. Ces dispositions peuvent être directement mises en œuvre sans devoir prendre en compte les spécificités bilatérales. De fait, certaines dispositions seraient beaucoup plus efficaces si elles étaient mises en œuvre par l'entremise d'un instrument multilatéral. Les paragraphes ci-dessous mentionnent quelques dispositions de nature multilatérale qui pourraient être déployées au moyen d'un instrument multilatéral.

- **PAA multilatérale** : comme expliqué dans la section 1 de ce rapport, il est judicieux de mettre en place une PAA véritablement multilatérale si l'objectif est de régler des différends impliquant plusieurs pays. Une telle disposition permettrait d'organiser des consultations de PAA avec l'autorité compétente de toutes les parties à un instrument multilatéral qui sont concernées par un cas impliquant un contribuable actif dans de nombreux pays. Pour être porteuse de certitude et faciliter le règlement des différends dans l'environnement post-BEPS, une telle disposition prévoirait également le recours à l'arbitrage lorsque les autorités compétentes sont incapables de résoudre le cas par un accord à l'amiable.
- **Traiter le problème des structures à double résidence** : bien que la double résidence pour des personnes morales soit relativement rare, un nombre croissant de stratégies BEPS mettent en jeu des entreprises ayant une double résidence. Compte tenu du risque d'abus découlant de l'utilisation de ces structures, les pays pourraient estimer que l'adoption d'une approche au cas par cas est la meilleure formule pour résoudre les situations de double résidence afin de dissuader la

planification fiscale agressive qui ouvre la voie aux pratiques de BEPS. Néanmoins, pour être efficace, cette mesure anti-abus simple devrait être adoptée de façon cohérente à l'échelle de l'ensemble du réseau de conventions fiscales bilatérales.

- **Gérer les entités transparentes dans le contexte des montages hybrides** : les montages hybrides conduisent souvent à une « double exonération » qui n'est souvent souhaitée par aucun des pays, ou aboutissent à un report fortuit de l'impôt. Il est difficile de déterminer catégoriquement le pays qui subit une perte de recettes fiscales à cause de ces montages, mais ils sont souvent préjudiciables aux rentrées fiscales, à la transparence et à l'équité. Apporter une réponse globale à la question des montages hybrides nécessite de modifier la législation nationale. Néanmoins, il serait plus facile d'apporter une réponse politique cohérente qui permette aussi d'éviter la double imposition – tant au niveau national qu'au niveau multilatéral – en procédant à des modifications uniformes des conventions fiscales existantes, de manière à ce que les avantages prévus par la convention soient accordés aux paiements effectués à des entités situées dans une autre juridiction uniquement si le paiement est considéré comme constitutif du revenu d'un résident aux fins de la législation fiscale de la juridiction de résidence du bénéficiaire.
- **Traiter les cas « triangulaires » impliquant des établissements stables situés dans des États tiers** : des cas dits triangulaires peuvent survenir si le revenu d'un résident d'un pays partie à une convention fiscale est attribué par le pays de résidence à un établissement stable situé dans un État tiers et est exempté d'impôt dans l'État de résidence, avec souvent en corollaire une imposition faible dans l'État de l'établissement stable. Les conventions bilatérales peuvent prévoir des règles qui traitent en partie ces cas, mais une réponse globale à ce problème nécessite d'intégrer une solution idoine dans l'ensemble des conventions fiscales d'un pays. Dès lors, un instrument multilatéral représente le moyen d'action le plus efficace.
- **Empêcher l'utilisation abusive des conventions** : il existe différents mécanismes par lesquels une personne qui n'est pas résidente d'un pays partie à une convention peut bénéficier à tort des avantages fiscaux qu'une convention fiscale bilatérale accorde sur une base réciproque à des demandeurs légitimes. Un instrument multilatéral pourrait comporter des approches visant à empêcher que les avantages prévus par les conventions puissent être accordés lorsque les circonstances ne s'y prêtent pas.

32. **Certaines dispositions de conventions fiscales susceptibles d'ouvrir la voie à des pratiques d'érosion de la base d'imposition et de transfert de bénéfices sont par nature bilatérales, et justifient une certaine souplesse.** Certains résultats du Projet BEPS liés aux conventions fiscales devront probablement tenir compte de caractéristiques particulières propres aux relations économiques et/ou aux conventions fiscales bilatérales existantes entre deux parties. Par exemple, une disposition adoptée au niveau multilatéral qui révise la définition d'un établissement stable peut devoir s'accompagner d'une certaine souplesse afin d'adapter le niveau des engagements vis-à-vis de toutes les autres parties et/ou en fonction du pays partenaire. Dans le même temps, cette souplesse doit être encadrée pour ne pas nuire à la cohérence et à la gestion administrative. De manière générale, il faudra arrêter un ensemble de dispositions fondamentales auxquelles toutes les parties à un instrument multilatéral devront adhérer pour garantir une approche uniforme et cohérente des problèmes de BEPS induits par les conventions fiscales.

33. **Le contenu précis de l'instrument multilatéral reste à définir, mais l'orientation est claire.** Les pays de l'OCDE et du G20 déploient beaucoup d'énergie pour se mettre

d'accord sur des mesures de fond concernant les conventions fiscales afin de lutter contre BEPS. Bien que les résultats définitifs dans tous les domaines ne soient pas attendus avant 2015, les discussions révèlent la nécessité d'apporter des changements substantiels aux modèles de convention et, en corollaire, la volonté de transcrire rapidement ces changements dans les conventions bilatérales. De fait, d'autres rapports mis à la disposition des pays du G20 au même moment que le présent rapport formulent d'ores et déjà des recommandations concrètes de modifications dans un certain nombre de domaines liés aux conventions. Un instrument multilatéral pourrait également faciliter la coordination des travaux sur un plus large éventail de questions relatives au BEPS. Par exemple, la mise en œuvre des travaux portant sur les rapports pays par pays pourrait être facilitée par l'utilisation d'un instrument multilatéral qui comprend aussi des règles relatives à la confidentialité des renseignements obtenus par les administrations fiscales. De même, les problèmes de double imposition et de double exonération résultant de l'attribution des dépenses sont particulièrement dignes d'attention dans le contexte des dépenses d'intérêt. Un accord au niveau multilatéral sur l'attribution des dépenses d'intérêt pourrait être mis en œuvre par l'entremise de l'instrument multilatéral. Il pourrait aussi être possible d'élaborer de nouveaux mécanismes de règlement des différends qui empêcheraient en outre que des réponses unilatérales et non coordonnées aux pratiques de BEPS entraînent une double imposition.

34. **Un instrument multilatéral est une solution efficace et innovante pour appliquer les mesures décidées au cours du Projet BEPS.** Cette étude de faisabilité conclut qu'en dépit de difficultés potentielles, un instrument multilatéral offre un moyen prometteur pour mettre rapidement en œuvre les mesures anti-BEPS qui se rapportent aux conventions fiscales. Le G20 a demandé que cette étude de faisabilité soit préparée parallèlement à la mise au point des mesures concrètes de lutte contre les pratiques de BEPS afin de poser les jalons d'une mise en œuvre efficace. Pour poursuivre ce processus, il faudrait convoquer une conférence internationale consacrée à l'application des mesures anti-BEPS en lien avec les conventions fiscales. Le mandat de cette conférence devrait être limité dans le temps et dans sa portée (mise en œuvre du Plan d'action concernant BEPS).

35. **La conception de l'instrument multilatéral devrait être dynamique.** De nombreux pays reconnaissent la nécessité de mettre à jour leurs règles fiscales internationales pour tenir compte de l'évolution des circonstances de l'économie mondiale, et les conventions fiscales constituent un volet important de ce processus. Sachant que les travaux initiaux se concentrent sur les mesures relatives aux conventions fiscales, il est judicieux de réfléchir également aux initiatives supplémentaires éventuelles afin de continuer de rationaliser la mise en œuvre des modifications de l'architecture internationale des conventions fiscales en utilisant le même mécanisme. Par exemple, les futures mises à jour des modèles de convention fiscale pourraient être effectuées à l'échelle multilatérale. En revanche, toute décision de traiter, au niveau multilatéral, un registre plus large de questions de fiscalité internationale marquerait une étape plus significative vers le multilatéralisme en matière fiscale que les travaux actuels visant à utiliser un instrument multilatéral pour remédier aux problématiques BEPS liées aux conventions fiscales. Pour l'heure, il importe de maintenir un ciblage étroit de l'instrument multilatéral, tout en entamant une réflexion sur les possibilités d'améliorations supplémentaires.

3. Prochaines étapes : les contours de la conférence internationale

36. **Les mesures BEPS qui se rapportent aux conventions fiscales doivent être achevées avant de pouvoir finaliser les éléments fondamentaux de l'instrument multilatéral.** L'élaboration d'un instrument multilatéral suppose la mise au point de dispositions-cadres portant sur son entrée en vigueur, la langue faisant foi, etc., et surtout un accord sur le fond des mesures relatives aux conventions qui sont nécessaires pour répondre aux problématiques BEPS. Le Projet BEPS, mené conjointement par l'OCDE et par le G20, progresse à bon rythme vers l'élaboration de ces mesures. Certains résultats concernant les conventions fiscales seront présentés d'ici septembre 2014, d'autres en 2015. Les projets relatifs à une conférence internationale destinée à négocier un instrument multilatéral pour la mise en œuvre des mesures ainsi arrêtées devront prendre ce calendrier en considération.

37. **Ce rapport préconise de convoquer une conférence internationale chargée d'élaborer l'instrument multilatéral en 2015.** Conformément à la pratique en matière d'élaboration de conventions, une conférence internationale devrait être convoquée afin de mettre au point l'instrument multilatéral. Cette conférence devrait être ouverte à tous les pays intéressés, sous les auspices de l'OCDE et du G20. Pour maintenir l'élan, les travaux relatifs aux dispositions-cadres de l'instrument devraient débuter en 2015. Une fois les recommandations relatives aux mesures liées aux conventions fiscales finalisées dans le contexte du Projet BEPS, elles pourront être examinées par la conférence et incluses dans l'instrument multilatéral. Outre l'intégration de ces mesures, les participants à la conférence devraient réfléchir à l'opportunité de recourir à des protocoles supplémentaires ou à des instruments multilatéraux similaires à l'avenir afin de promouvoir un environnement fiscal international plus efficace.

38. **Compte tenu de ces considérations, si cette proposition est approuvée, il est proposé qu'un mandat soit rapidement établi afin que la conférence internationale s'ouvre début 2015 et puisse commencer ses travaux.**

Annexe A

Boîte à outils pour l'élaboration d'un instrument multilatéral destiné à mettre rapidement en œuvre les mesures BEPS

Synthèse

1. Cette annexe contient une boîte à outils d'options théoriques susceptibles d'être utilisées, le cas échéant, pour élaborer un instrument multilatéral destiné à accélérer la mise en œuvre des mesures adoptées au titre du Projet BEPS. Les options présentées découlent d'une analyse de la doctrine et des précédents dans le domaine du droit international public. Elles s'inspirent des travaux du groupe informel d'experts sur l'instrument multilatéral, composé de spécialistes du droit international public et de la fiscalité internationale et constitué par le Comité des affaires fiscales (CAF) en vue de prodiguer des conseils sur la faisabilité d'un instrument multilatéral. Cette annexe s'articule autour de trois principales conclusions : un instrument multilatéral est une solution qui *(1)* permet de mettre en œuvre les mesures adoptées au titre du Projet BEPS et de modifier le réseau existant de conventions fiscales bilatérales ; *(2)* offre la souplesse nécessaire pour moduler le niveau d'engagement des parties ; et *(3)* est porteuse de transparence et de clarté pour l'ensemble des parties prenantes.

2. *(1)* L'objectif de l'instrument multilatéral serait de mettre en œuvre les mesures arrêtées afin de lutter contre l'érosion de la base d'imposition et le transfert de bénéfices ; il aurait pour effet de modifier certaines dispositions du réseau existant de conventions fiscales bilatérales, qui resteraient néanmoins en vigueur pour tous les aspects non liés au Projet BEPS. Il serait préférable, pour des raisons d'efficacité et de transparence, d'inclure des clauses de compatibilité dans l'instrument multilatéral pour définir sa relation avec les conventions bilatérales. Diverses options sont possibles pour garantir une interprétation et une mise en œuvre cohérentes de l'instrument multilatéral. De même, il existe des solutions s'agissant des dates d'entrée en vigueur des différentes dispositions et pour résoudre des questions logistiques, telles que les différences de langues faisant foi dans lesquelles sont rédigés l'instrument multilatéral et les conventions fiscales bilatérales.

3. *(2)* Le cas échéant, l'instrument multilatéral peut, dans des limites bien définies, offrir aux parties une certaine souplesse pour moduler leur niveau d'engagement afin d'établir des règles du jeu identiques pour tous. Pour moduler leur engagement vis-à-vis de toutes les autres parties ou de certaines, les parties peuvent recourir à des mécanismes d'exclusion (*opt-out*) qui leur permettent de modifier ou de supprimer l'effet juridique de certaines dispositions ; ménager le choix entre plusieurs dispositions clairement délimitées ; et utiliser des mécanismes d'acceptation (*opt-in*) en vue d'accepter des engagements supplémentaires. Le niveau d'engagement des parties peut aussi être modulé grâce à la

formulation employée dans l'instrument multilatéral (langage contraignant ou plus souple) et au type d'obligations retenues (de résultats et/ou de moyens).

4. *(3)* Eu égard à la complexité du réseau de conventions fiscales bilatérales et au nombre de parties prenantes concernées (administrations fiscales, contribuables, tiers), l'instrument multilatéral doit impérativement assurer la transparence et la clarté des engagements souscrits par les parties. Il existe des mécanismes permettant de communiquer des informations claires et accessibles publiquement concernant, d'une part, les liens entre l'instrument multilatéral et les conventions fiscales bilatérales et, d'autre part, l'utilisation des mécanismes de flexibilité prévus par l'instrument multilatéral.

5. Cette annexe conclut qu'un instrument multilatéral visant à mettre en œuvre les mesures élaborées au cours des travaux consacrés au Projet BEPS est réalisable et représenterait de surcroît la solution la plus efficace pour modifier le réseau existant de conventions fiscales bilatérales. Un instrument multilatéral constitue une boîte à outils souple et évolutive : une fois les mesures de fond adoptées, tous les mécanismes nécessaires existent pour les traduire en engagements multilatéraux. Comme pour tout nouvel instrument, des questions techniques se posent, mais elles peuvent être résolues grâce à des solutions fondées sur le droit et la pratique des traités. Les experts en fiscalité internationale et en droit international public devront continuer de travailler de concert à mesure que ce projet ira de l'avant.

Introduction

6. L'Action 15 du Plan d'action concernant BEPS demande d' analyser les questions de droit fiscal et de droit international public que pose l'élaboration d'un instrument multilatéral permettant aux pays qui le souhaitent de mettre en œuvre les mesures arrêtées lors des travaux relatifs à l'érosion de la base d'imposition et au transfert de bénéfices, et de modifier les conventions fiscales bilatérale. L'Action 15 mentionne un « instrument multilatéral », c'est-à-dire un traité conclu entre plus de deux parties. Selon la Convention de Vienne sur le droit des traités (CVDT), un traité s'entend comme un :

> « *... accord international conclu par écrit entre États et régi par le droit international, qu'il soit consigné dans un instrument unique ou dans deux ou plusieurs instruments connexes, et quelle que soit sa dénomination particulière*[1]. »

7. L'annexe au rapport sur l'Action 15 s'inspire des travaux menés par le groupe informel d'experts de l'instrument multilatéral[2] établi par le CAF et chargé de prodiguer des conseils sur la faisabilité d'un instrument multilatéral pour mettre en œuvre les mesures adoptées. Ce groupe se composait de treize experts en droit international public ou en fiscalité internationale issus de pays de droit civil et de *common law*.

8. Il importe de souligner que l'annexe a été préparée parallèlement aux discussions portant sur le fond des mesures BEPS et que les experts n'ont pas pris part à ces discussions intergouvernementales.

9. Par conséquent, cette annexe constitue une boîte à outils d'options théoriques qui pourraient être utilisées, le cas échéant, pour l'élaboration d'un instrument multilatéral. Les options présentées résultent uniquement d'une analyse de la doctrine et des précédents en droit international public et ne doivent pas être considérées comme des propositions concrètes concernant le futur instrument multilatéral relatif à BEPS.

10. Les exemples cités dans l'annexe offrent délibérément un large choix d'options afin que les rédacteurs du futur instrument multilatéral puissent sélectionner les solutions les

plus appropriées au regard des objectifs poursuivis. Comme pour n'importe quelle boîte à outils, il n'est pas possible d'utiliser tous les outils en même temps. En outre, les exemples proviennent nécessairement d'un large éventail de domaines et devront éventuellement être adaptés aux circonstances propres à la fiscalité.

11. Cette annexe s'articule autour de trois aspects essentiels que les travaux relatifs à l'instrument multilatéral devront traiter : *(1)* comment modifier le réseau de conventions fiscales bilatérales; *(2)* comment ménager une certaine flexibilité dans le degré d'engagement des États pour permettre une coordination efficace de la lutte contre BEPS, tout en préservant la souveraineté nationale en matière fiscale; et *(3)* comment garantir la transparence et la clarté pour toutes les parties prenantes. Comme on le verra ci-après, il existe diverses options pour que l'instrument multilatéral atteigne chacun de ces objectifs, qui reposent sur le droit des traités et sur les précédents qui existent dans différentes sphères du droit international.

A.1. Un instrument multilatéral peut modifier le réseau des conventions fiscales bilatérales [3]

12. L'instrument multilatéral aurait pour objectif de mettre en œuvre les mesures adoptées pour lutter contre BEPS en modifiant le réseau existant de conventions fiscales bilatérales. D'emblée, il importe de souligner que le droit international public offre diverses options pour modifier des conventions dès lors que le principe de souveraineté et de consentement de l'État est respecté. Par conséquent, si les parties le décident, une convention peut être modifiée de différentes façons, y compris par l'adoption ultérieure d'un accord multilatéral, tel que cela est envisagé ici.

A.1.1. Terminologie : le terme « modification » est plus approprié que le terme « amendement »

13. L'objectif qui sous-tend le Projet BEPS est l'élaboration et la mise en œuvre de nouvelles règles pour lutter contre ce phénomène qui soient communes à l'ensemble des parties intéressées. Pour atteindre cet objectif, il n'est pas nécessaire que l'instrument multilatéral remplace le réseau préexistant de conventions bilatérales. Le but est plutôt de parvenir à une application simultanée et intégrée des dispositions de l'instrument multilatéral et des conventions bilatérales en lien avec le Projet BEPS. Les conventions bilatérales resteront non seulement en vigueur, mais elles continueront de jouer un rôle essentiel pour définir les relations de coopération en matière fiscale entre deux parties.

14. En droit international, le principe fondamental est qu'un nouveau traité prévaut sur un traité antérieur portant sur le même sujet. Par conséquent, sans modifier formellement chacune des conventions bilatérales, un instrument multilatéral aurait pour effet de modifier les dispositions qui se recoupent dans toutes les conventions bilatérales. De fait, dans un certain nombre de cas, les États ont adopté des conventions multilatérales dans le but d'introduire des règles et des normes internationales communes et, ce faisant, d'harmoniser le réseau des conventions bilatérales, dans le domaine de l'extradition par exemple.

15. Aussi, le terme « modification » est mieux adapté à ce projet que le terme « amendement ». Il n'est pas nécessaire de procéder à un « amendement » formel de chacune des conventions fiscales bilatérales existantes. Au contraire, ces conventions seront « modifiées » automatiquement par l'instrument multilatéral.

A.1.2. Relation entre l'instrument multilatéral et les conventions fiscales bilatérales

16. Dans le cas présent, il est prévu que seules certaines dispositions des conventions fiscales bilatérales seront modifiées et remplacées par l'instrument multilatéral. Dès lors, les règles de fond contenues dans les conventions fiscales bilatérales resteront en vigueur dans les domaines qui ne sont pas couverts par l'instrument multilatéral.

A.1.2.1. Conventions fiscales bilatérales conclues avant l'entrée en vigueur de l'instrument multilatéral

17. Il existe deux manières d'aborder la question de la relation entre un instrument multilatéral et les conventions bilatérales qu'il modifie : *(1)* définir expressément cette relation dans l'instrument multilatéral ou *(2)* laisser les règles générales du droit international définir cette relation.

18. Si la convention multilatérale est muette sur ce point, la règle de droit coutumier applicable, codifiée à l'article 30(3) de la CVDT[4], est que lorsque deux règles portent sur la même matière, la règle postérieure dans le temps prévaut (*lex posterior derogat legi priori*). Par conséquent, les conventions bilatérales antérieures (conclues antérieurement) continueraient de s'appliquer uniquement dans la mesure où leurs dispositions sont compatibles avec celles de la convention multilatérale postérieure.

19. Néanmoins, dans un souci de clarté et de transparence, il est important de définir explicitement la relation entre l'instrument multilatéral et le réseau existant de conventions bilatérales. Cela peut passer par l'inclusion de clauses de compatibilité dans l'instrument multilatéral.

i. Raison d'être des clauses de compatibilité

20. Lorsque des conventions sont négociées dans des domaines où d'autres conventions existent déjà, il est courant d'inclure une clause de compatibilité (ou « clause de conflit ») qui définit expressément la relation entre les conventions. Cela s'est fait dans plusieurs cas dans lesquels les dispositions d'un instrument multilatéral ont remplacé celles d'un réseau existant de conventions bilatérales, surtout lorsque le sujet traité est complexe (voir ci-dessous).

21. Dans le cas présent, au regard du grand nombre de conventions bilatérales concernées et de la technicité de leur contenu, il serait préférable d'inclure une disposition expresse dans l'instrument multilatéral visant à définir sa relation avec les conventions bilatérales existantes. Si les parties en conviennent, un mécanisme pourrait également être mis en place afin de résoudre les questions relatives à la mise en œuvre de la clause de compatibilité.

22. Cette solution procurerait à toutes les parties prenantes (administrations nationales, services fiscaux, juges, contribuables, société civile, etc.) l'assurance qu'en principe, les dispositions de l'instrument multilatéral devront s'appliquer en cas de conflit avec les règles préexistantes des conventions bilatérales.

ii. Types de clauses de compatibilité

23. Il n'existe pas une seule sorte de clause de compatibilité et on observe une grande diversité dans la pratique. Dans les précédents décrits ci-dessous, les instruments multilatéraux ont « abrogé », « remplacé », « supplanté » et/ou « modifié » les dispositions de conventions

bilatérales préexistantes. Dans un exemple, les dispositions de l'instrument multilatéral ont été « incluses » dans les conventions bilatérales. Le degré de précision et l'importance des modifications apportées aux conventions bilatérales varient.

24. Dans les exemples suivants, il convient de noter que la convention bilatérale survit, soit dans les domaines qui ne sont pas couverts par les dispositions de l'instrument multilatéral, soit entre une partie à l'instrument multilatéral et un tiers qui sont tous deux parties à une convention antérieure (voir la section A.1.3 ci-dessous).

- L'instrument multilatéral abroge les dispositions de conventions bilatérales qui régissent le même domaine que l'instrument multilatéral.

Convention européenne d'extradition (1957)

Article 28(1) – Relations entre la présente Convention et les accords bilatéraux : « *La présente Convention abroge, en ce qui concerne les territoires auxquels elle s'applique, celles des dispositions des traités, conventions ou accords bilatéraux qui, entre deux Parties contractantes, régissent la matière de l'extradition.* »

Convention européenne sur le rapatriement des mineurs (1970)

Article 27(1) : « *Sous réserve des dispositions des paragraphes 3 et 4 du présent article, la présente Convention abroge, en ce qui concerne les territoires auxquels elle s'applique, les dispositions des traités, conventions ou accords bilatéraux, qui, entre États contractants, régissent le rapatriement des mineurs pour les raisons prévues à l'article 2, dans la mesure où les États contractants ont toujours la faculté de recourir aux possibilités de rapatriement prévues par la présente Convention.* »

- L'instrument multilatéral modifie les dispositions de conventions préexistantes (bilatérales ou autres) uniquement dans la mesure où elles diffèrent des dispositions de l'instrument multilatéral ou sont incompatibles avec ses dispositions. Il existe différents seuils d'invocation de ces clauses de compatibilité : dans certains cas, une différence quelconque suffit, alors que d'autres requièrent l'existence d'une incohérence ou d'une incompatibilité entre les dispositions.

Convention européenne pour la répression du terrorisme (1977)

Article 8(3) : « *Les dispositions de tous traités et accords d'entraide judiciaire en matière pénale applicables entre les États contractants, y compris la Convention européenne d'entraide judiciaire en matière pénale, sont en ce qui concerne les relations entre États contractants modifiées dans la mesure où elles sont incompatibles avec la présente Convention.* »

Accord de libre-échange nord-américain (1994)

Article 103 – Rapport avec d'autres accords : « *1. Les Parties confirment les droits et obligations existants qu'elles ont les unes envers les autres aux termes de l'Accord général sur les tarifs douaniers et le commerce et d'autres accords auxquels elles sont Parties. 2. En cas d'incompatibilité entre le présent accord et ces autres accords, le présent accord, sauf disposition contraire, prévaudra dans la mesure de l'incompatibilité.* »

Convention internationale pour la répression du financement du terrorisme (1999)

Article 11(5) : « *Les dispositions relatives aux infractions visées à l'article 2 de tous les traités ou accords d'extradition conclus entre États Parties sont réputées être modifiées entre États Parties dans la mesure où elles sont incompatibles avec la présente Convention.* »

- Il existe aussi des cas dans lesquels la clause de compatibilité explique, tout en affirmant la primauté de l'instrument multilatéral sur les conventions préexistantes (bilatérales ou autres), que les droits et obligations découlant de ces autres conventions ne sont pas affectés par l'instrument multilatéral dans la mesure où ils sont compatibles avec celui-ci. Le premier exemple est remarquable : l'instrument multilatéral stipule que ses dispositions abrogent celles de conventions préexistantes, mais indique explicitement que les dispositions contenues dans des conventions préexistantes relatives à des aspects non couverts par l'instrument multilatéral continuent de s'appliquer.

Convention européenne d'entraide judiciaire en matière pénale (1959)

Article 26 : « *1. Sous réserve des dispositions du paragraphe 7 de l'article 15 et du paragraphe 3 de l'article 16, la présente convention abroge, en ce qui concerne les territoires auxquels elle s'applique, celles des dispositions des traités, conventions ou accords bilatéraux qui, entre deux Parties contractantes, régissent l'entraide judiciaire en matière pénale. 2. Toutefois la présente Convention n'affectera pas les obligations contenues dans les dispositions de toute autre convention internationale de caractère bilatéral ou multilatéral, dont certaines clauses régissent ou régiront, dans un domaine déterminé, l'entraide judiciaire sur des points particuliers.* »

Convention des Nations Unies sur le droit de la mer (1982)

Article 311(2) – Relation avec d'autres conventions et accords internationaux : « *La Convention ne modifie en rien les droits et obligations des États Parties qui découlent d'autres traités compatibles avec elle, et qui ne portent atteinte ni à la jouissance par les autres États Parties des droits qu'ils tiennent de la Convention, ni à l'exécution de leurs obligations découlant de celle-ci* [...] »

- Une variante est le cas dans lequel l'instrument multilatéral crée une exception au principe général selon lequel les dispositions de l'instrument multilatéral abrogent celles d'accords antérieurs, en stipulant que les dispositions « plus favorables » d'un traité bilatéral ou multilatéral en vigueur au moment où l'instrument multilatéral est conclu ne seront pas affectées.

Convention sur l'élimination de toutes les formes de discrimination à l'égard des femmes (1979)

Article 23 : « *Aucune des dispositions de la présente Convention ne portera atteinte aux dispositions plus propices à la réalisation de l'égalité de l'homme et de la femme pouvant être contenues :* [...] (b) *Dans toute autre convention, tout autre traité ou accord international en vigueur dans cet État.* »

Convention internationale sur la protection des droits de tous les travailleurs migrants et des membres de leur famille (1990)

Article 81(1) : « *Aucune disposition de la présente Convention ne porte atteinte aux droits et libertés plus favorables accordés aux travailleurs migrants et aux membres de leur famille en vertu :* [...] (b) *de tout traité bilatéral ou multilatéral liant l'État partie considéré.* »

- Enfin, dans certains cas, le traité multilatéral va plus loin et indique clairement quelles sont les dispositions qui viennent s'ajouter aux instruments bilatéraux ou quelles sont les dispositions des traités bilatéraux qui sont modifiées et comment. L'exemple suivant porte sur les infractions qu'un traité multilatéral ajoute à la liste des infractions passibles d'extradition dans les traités bilatéraux.

Convention pour la répression d'actes illicites contre la sécurité de la navigation maritime (1988)

Article 11(1) : *« Les infractions prévues à l'art. 3 sont de plein droit comprises comme cas d'extradition dans tout traité d'extradition conclu entre États Parties. »*

iii. Les clauses de compatibilité peuvent être utilisées dans des situations complexes

25. Une clause de compatibilité peut tenir compte des différences de portée, de formulation et de numérotation de paragraphes entre les conventions bilatérales modifiées par l'instrument multilatéral. Une rédaction attentive de cette clause peut éviter les problèmes susceptibles de découler de ces différences.

26. Il existe des précédents utiles où la clause de compatibilité figurant dans l'instrument multilatéral présente :

- Les dispositions à modifier au moyen d'une description précise qui permet de ne pas faire référence à une disposition ou à un numéro de paragraphe en particulier dans les conventions bilatérales.
- L'effet exact de ses dispositions sur celles des conventions bilatérales, par l'utilisation de termes de liaison tels que « au lieu de », « outre », « en l'absence de ».

Accord entre l'Union européenne et les États-Unis d'Amérique en matière d'extradition (2003)[5]

Article 3(1) – Champ d'application par rapport aux traités bilatéraux d'extradition conclus par les États membres : *« L'Union européenne, conformément au traité sur l'Union européenne, et les États-Unis d'Amérique veillent à ce que les dispositions du présent accord s'appliquent, dans les conditions ci-après, aux traités bilatéraux d'extradition en vigueur entre les États membres et les États-Unis d'Amérique au moment de l'entrée en vigueur du présent accord :*

a) l'article 4 s'applique en lieu et place des dispositions des traités bilatéraux qui autorisent l'extradition uniquement pour une liste d'infractions pénales déterminées ;

Accord entre l'Union européenne et les États-Unis d'Amérique en matière d'extradition (2003) *(suite)*

b) l'article 5 s'applique en lieu et place des dispositions des traités bilatéraux régissant la transmission, la certification, l'authentification ou la légalisation d'une demande d'extradition et des pièces justificatives transmises par l'État requérant ;

c) l'article 6 s'applique en l'absence, dans les traités bilatéraux, de dispositions autorisant la transmission directe de demandes d'arrestation provisoire entre le département de la justice des États-Unis et le ministère de la justice de l'État membre concerné ;

d) l'article 7 s'applique en plus des dispositions des traités bilatéraux régissant la transmission des demandes d'extradition ;

e) l'article 8 s'applique en l'absence, dans les traités bilatéraux, de dispositions régissant la présentation d'informations complémentaires ; lorsque les traités bilatéraux ne précisent pas la voie à utiliser, le paragraphe 2 dudit article s'applique aussi.

f) l'article 9 s'applique en l'absence, dans les traités bilatéraux, de dispositions autorisant la remise temporaire de personnes faisant l'objet de poursuites ou purgeant une peine dans l'État requis ;

g) sauf disposition contraire figurant dans les traités bilatéraux, l'article 10 s'applique en lieu et place des dispositions de ces traités se rapportant aux décisions à prendre concernant la réception de plusieurs demandes d'extradition portant sur la même personne, ou en l'absence de telles dispositions dans lesdits traités ;

h) l'article 11 s'applique en l'absence, dans les traités bilatéraux, de dispositions autorisant une dérogation aux procédures d'extradition ou aux procédures d'extradition simplifiées ;

i) l'article 12 s'applique en l'absence, dans les traités bilatéraux, de dispositions régissant le transit ; lorsque les traités bilatéraux ne précisent pas la procédure à suivre en cas d'escale non prévue d'un aéronef, le paragraphe 3 dudit article s'applique aussi ;

j) l'article 13 peut être appliqué par l'État requis en lieu et place des dispositions des traités bilatéraux applicables à la peine capitale, ou en l'absence de telles dispositions ;

k) l'article 14 s'applique en l'absence, dans les traités bilatéraux, de dispositions régissant le traitement des informations sensibles présentes dans une demande. »

A.1.2.2. Conventions fiscales bilatérales conclues après l'entrée en vigueur de l'instrument multilatéral

27. Pour garantir la cohérence avec le régime juridique établi par l'instrument multilatéral, les parties peuvent juger nécessaire de définir certains paramètres régissant leurs activités futures d'élaboration de traités en optant pour une clause prospective de compatibilité ou « d'obéissance ».

28. Les clauses de compatibilité ou d'obéissance, qui figurent dans un certain nombre de conventions multilatérales existantes, disposent que les parties ne doivent pas conclure ultérieurement des accords qui seraient contradictoires avec la convention.

29. Dans certains cas, des accords postérieurs entre deux parties ou plus à un instrument multilatéral peuvent avoir pour objectif d'aller au-delà du contenu de l'accord principal en établissant un « régime spécial » entre elles. C'est le scénario étudié et codifié par l'article 41 de la CVDT[6]. Selon cet article, l'accord principal n'a pas à interdire la conclusion d'accords

postérieurs qui, à leur tour, ne doivent pas avoir d'effet sur les droits et obligations des autres parties au traité.

- Les instruments multilatéraux peuvent comporter des clauses qui autorisent les parties à prendre des engagements plus étendus avec d'autres parties à condition que les accords postérieurs se limitent à confirmer, compléter, développer ou étendre les dispositions de l'accord multilatéral principal.

Convention européenne d'extradition (1957)

Article 28(2) – Relations entre la présente Convention et les accords bilatéraux : « *Les Parties contractantes ne pourront conclure entre elles des accords bilatéraux ou multilatéraux que pour compléter les dispositions de la présente Convention ou pour faciliter l'application des principes contenus dans celle-ci.* »

Convention de Vienne sur les relations consulaires (1963)

Article 73(2) – Rapport entre la présente Convention et les autres accords internationaux : « *Aucune disposition de la présente Convention ne saurait empêcher les États de conclure des accords internationaux confirmant, complétant ou développant ses dispositions, ou étendant leur champ d'application* ».

- Les instruments multilatéraux peuvent également suivre la logique opposée en stipulant que les accords postérieurs éventuels ne doivent pas être contraires à l'objet et au but du traité principal ou incompatibles avec ses dispositions.

Convention de Chicago relative à l'aviation civile internationale (1944)

Article 83 – Enregistrement des nouveaux arrangements : « *Sous réserve des dispositions de l'article précédent, tout État contractant peut conclure des arrangements qui ne soient pas incompatibles avec les dispositions de la présente Convention. Tout arrangement de cette nature doit être enregistré immédiatement au Conseil, qui le rend public aussitôt que possible* ».

Convention des Nations Unies sur le droit de la mer (1982)

Article 311(3) – Relation avec d'autres conventions et accords internationaux : « *Deux ou plus de deux États Parties peuvent conclure des accords qui modifient ou suspendent l'application des dispositions de la Convention et qui s'appliquent uniquement à leurs relations mutuelles, à condition que ces accords ne portent pas sur une des dispositions de la Convention dont le non-respect serait incompatible avec la réalisation de son objet et de son but, et à condition également que ces accords n'affectent pas l'application des principes fondamentaux énoncés dans la Convention et ne portent atteinte ni à la jouissance par les autres États Parties des droits qu'ils tiennent de la Convention, ni à l'exécution de leurs obligations découlant de celle-ci.* »

Convention du Conseil de l'Europe pour la prévention du terrorisme (2005)

Article 26(2) – Effets de la Convention : « [...] *Toutefois, lorsque les Parties établiront leurs relations concernant les matières faisant l'objet de la présente Convention d'une manière différente de celle prévue, elles le feront d'une manière qui ne soit pas incompatible avec les objectifs et principes de la Convention.* »

- Enfin, dans certains cas, le traité multilatéral peut même inviter les parties à adopter des accords postérieurs qui étendent la portée du traité principal ou en facilitent la bonne application.

> **Convention des Nations Unies contre la criminalité transnationale organisée et Protocoles s'y rapportant (2000)**
>
> Article 19 – Enquêtes conjointes : « *Les États Parties envisagent de conclure des accords ou arrangements bilatéraux ou multilatéraux en vertu desquels, pour les affaires qui font l'objet d'enquêtes, de poursuites ou de procédures judiciaires dans un ou plusieurs États, les autorités compétentes concernées peuvent établir des instances d'enquêtes conjointes.* [...] »

A.1.3 Relation entre les parties à l'instrument multilatéral et les tiers

30. Le principe de souveraineté de l'État a pour corollaire que les traités ne créent d'obligations qu'entre les parties à ces traités[7].

> « *Un traité ne crée ni obligations ni droits pour un État tiers sans son consentement*[8] » et « [*u*]*ne obligation naît pour un État tiers d'une disposition d'un traité si les parties à ce traité entendent créer l'obligation au moyen de cette disposition et si l'État tiers accepte expressément par écrit cette obligation*[9]. » (soulignement ajouté)

31. Par conséquent, dans le cas présent, le contenu de l'instrument multilatéral ne serait pas opposable à des tiers (c'est-à-dire les États qui ne sont pas parties à l'instrument). Une partie à l'instrument multilatéral et un tiers continueraient d'être liés par les dispositions de toute convention fiscale bilatérale conclue entre eux, mais pas par les modifications figurant dans l'instrument multilatéral. Il serait néanmoins possible d'inclure une variante de la clause de compatibilité qui demanderait aux parties de tenir compte, dans la mesure du possible, des dispositions de l'instrument multilatéral lorsqu'elles négocient des conventions fiscales bilatérales avec des tiers. L'instrument multilatéral pourrait également prévoir la possibilité pour les parties de se concerter concernant toute question susceptible d'être soulevée à terme par des tiers.

A.1.4 Date d'entrée en vigueur de l'instrument multilatéral

A.1.4.1 Entrée en vigueur de l'instrument et de ses dispositions

i. Date « d'entrée en vigueur » de l'instrument

32. Les États participant à la négociation peuvent décider de la date et des conditions aux termes desquels l'instrument entre en vigueur, par exemple après un certain nombre de ratifications. L'instrument produirait des effets, mais serait opposable uniquement aux États qui l'ont déjà ratifié à cette date. Naturellement, les modalités de mise en œuvre de l'instrument multilatéral dans chaque État dépendraient de son système constitutionnel.

> **Convention concernant l'assistance administrative mutuelle en matière fiscale (1988)**
>
> Article 28(2) – Signature et entrée en vigueur de la Convention : « *La Convention entrera en vigueur le premier jour du mois qui suit l'expiration d'une période de trois mois après la date à laquelle cinq États auront exprimé leur consentement à être liés par la Convention conformément aux dispositions du paragraphe 1.* »

ii. « Date d'effet » des différentes mesures prévues par l'instrument

33. Certaines clauses de l'instrument multilatéral peuvent préciser une date d'effet des différentes mesures prévues. Il est possible de définir différentes dates d'effet pour différentes dispositions du traité (par exemple, un certain délai après l'entrée en vigueur du traité pour les impôts retenus à la source, et le début de l'année fiscale dans chaque pays pour les autres impôts).

34. Le fait que le début d'une année fiscale puisse différer dans chaque État ne constitue pas un obstacle. Par exemple, certaines mesures pourraient prendre effet au début de l'année fiscale qui suit, dans chaque pays, l'entrée en vigueur du traité dans ce pays (ou prévoir d'autres solutions pratiques et flexibles).

Convention concernant l'assistance administrative mutuelle en matière fiscale (1988)

Article 28(6) – Signature et entrée en vigueur de la Convention : « *Les dispositions de la présente Convention, telle qu'amendée par le Protocole de 2010, s'appliquent à l'assistance administrative couvrant les périodes d'imposition qui débutent le 1er janvier, ou après le 1er janvier de l'année qui suit celle durant laquelle la Convention, telle qu'amendée par le Protocole de 2010, entrera en vigueur à l'égard d'une Partie ou, en l'absence de période d'imposition, elles s'appliquent à l'assistance administrative portant sur des obligations fiscales prenant naissance le 1er janvier, ou après le 1er janvier de l'année qui suit celle durant laquelle la Convention, telle qu'amendée par le Protocole de 2010, entrera en vigueur à l'égard d'une Partie. Deux Parties ou plus peuvent convenir que la Convention, telle qu'amendée par le Protocole de 2010, prendra effet pour ce qui concerne l'assistance administrative portant sur des périodes d'imposition ou obligations fiscales antérieures.* »

Accord entre les gouvernements des États membres de la Communauté des Caraïbes tendant à éviter la double imposition et à prévenir l'évasion fiscale en matière d'impôts sur le revenu, sur les profits ou les gains en capital et pour l'encouragement du commerce régional et de l'investissement (1994)

Article 28 – Entrée en vigueur : « *1. Le présent Accord entrera en vigueur lors du dépôt du second instrument de ratification conformément à l'article 27 et s'appliquera*

(a) *à l'égard de l'impôt retenu à la source sur les montants payés ou portés à crédit d'une personne à partir du 1er jour du mois civil suivant le mois de dépôt du deuxième instrument de ratification ;*

(b) *à l'égard de tout impôt, pour toute année d'imposition commençant le 1er janvier ou à une date ultérieure de l'année civile suivant le dépôt du deuxième instrument de ratification.*

2. Lorsqu'un État ratifie le présent Accord après son entrée en vigueur, l'Accord s'appliquera en ce qui concerne cet État

(a) *à l'égard des impôts visés au paragraphe 1(a), à partir du 1er jour du mois civil suivant le mois de dépôt de l'instrument de ratification ;*

(b) *à l'égard de tout impôt, pour toute année d'imposition commençant le 1er janvier ou à une date ultérieure de l'année civile suivant le dépôt de l'instrument de ratification.* »

[Traduction non officielle du Secrétariat de l'OCDE]

A.1.4.2. Entrée en vigueur pour une partie ratifiant l'instrument à une date ultérieure

35. L'instrument peut préciser les modalités de son entrée en vigueur pour les juridictions qui en deviennent parties après son entrée en vigueur proprement dite. La position par défaut serait une entrée en vigueur lors du dépôt de l'instrument de ratification/d'adhésion, mais un délai peut être prévu si nécessaire pour résoudre les difficultés techniques potentielles.

Convention concernant l'assistance administrative mutuelle en matière fiscale (1988)

Article 28(5) – Signature et entrée en vigueur de la Convention : « [...] *Pour tout État qui ratifiera la Convention telle qu'amendée par le Protocole de 2010 conformément au présent paragraphe, la présente Convention entrera en vigueur le premier jour du mois qui suit l'expiration d'une période de trois mois après la date du dépôt de l'instrument de ratification auprès de l'un des Dépositaires.* »

36. Les clauses relatives à la date d'effet de certaines dispositions, par exemple celles qui prendraient effet au début de l'année fiscale suivante, pourraient aussi s'appliquer aux juridictions qui deviennent parties à l'instrument multilatéral après son entrée en vigueur.

A.1.5 Garantir la cohérence de l'interprétation et de la mise en œuvre de l'instrument multilatéral

A.1.5.1. L'instrument pourrait être accompagné de directives d'interprétation

37. De nombreux traités s'accompagnent de commentaires, adoptés par l'ensemble des parties, qui donnent des informations et des orientations générales sur la signification des dispositions et sur les modalités de mise en œuvre (comme le *Rapport explicatif révisé sur la Convention concernant l'assistance administrative mutuelle en matière fiscale*[10]). La relation entre le traité et ses commentaires peut être définie dans les dispositions du traité proprement dit.

A.1.5.2. Discussions entre les parties concernant la mise en œuvre

38. Si les parties en décident ainsi, une Conférence des Parties ou un Organe de coordination peut être chargé d'examiner les questions relatives à l'instrument ou de suivre sa mise en œuvre.

39. Si les parties le souhaitent, elles peuvent régler des questions plus spécifiques, notamment la mise en œuvre de clauses de compatibilité au regard de conventions bilatérales préexistantes, en prévoyant dans l'instrument multilatéral des mécanismes tels que des procédures de consultation, qui figurent dans la plupart des conventions fiscales bilatérales, dans le but de résoudre les difficultés potentielles :

Convention sur le commerce international des espèces de faune et de flore sauvages menacées d'extinction (1973)

Article 11 – Conférence des Parties : « *1. Le Secrétariat convoquera une session de la Conférence des Parties au plus tard deux ans après l'entrée en vigueur de la présente Convention. 2. Par la suite, le Secrétariat convoque des sessions ordinaires de la Conférence au moins une fois tous les deux ans, à moins que la Conférence n'en décide autrement, et des sessions extraordinaires lorsque la demande écrite en a été faite par au moins un tiers des Parties. 3. Lors des sessions ordinaires ou extraordinaires de cette Conférence, les Parties procèdent à un examen d'ensemble de l'application de la présente Convention et peuvent :* (a) *prendre toute disposition nécessaire pour permettre au Secrétariat de remplir ses fonctions, et adopter des dispositions financières ;* (b) *examiner des amendements aux Annexes I et II et les adopter conformément à l'Article XV ;* (c) *examiner les progrès accomplis dans la voie de la restauration et de la conservation des espèces figurant aux Annexes I, II et III ;* (d) *recevoir et examiner tout rapport présenté par le Secrétariat ou par toute Partie ; et* (e) *le cas échéant, faire des recommandations visant à améliorer l'application de la présente Convention.* »

Convention concernant l'assistance administrative mutuelle en matière fiscale (1988)

Article 24(3) – Mise en œuvre de la Convention : « *Un organe de coordination composé de représentants des autorités compétentes des Parties suit, sous l'égide de l'OCDE, la mise en œuvre de la Convention et ses développements. À cet effet, il recommande toute mesure susceptible de contribuer à la réalisation des objectifs généraux de la Convention. En particulier, il constitue un forum pour l'étude de méthodes et procédures nouvelles tendant à accroître la coopération internationale en matière fiscale et, s'il y a lieu, il recommande de réviser la Convention ou d'y apporter des amendements. Les États qui ont signé mais n'ont pas encore ratifié, accepté ou approuvé la Convention pourront se faire représenter aux réunions de l'organe de coordination à titre d'observateur.* »

Convention nordique concernant l'assistance administrative mutuelle en matière fiscale (1989)

Article 20 – Dispositions spéciales : « *2. Si des difficultés ou des interrogations surgissent entre deux États contractants ou plus concernant l'interprétation ou l'application de cette Convention, les autorités compétentes de ces États se consulteront en vue de résoudre le problème par accord spécial. Le résultat de ces consultations devra être communiqué sans délai aux autorités compétentes des autres États contractants. 3. Si l'autorité compétente de l'un des États contractants est d'avis que les consultations concernant une question évoquée au paragraphe 2 devraient se dérouler entre les autorités compétentes de tous les États contractants, ces consultations devront se tenir à la demande de cet État.* »

[Traduction non officielle du Secrétariat de l'OCDE]

Convention-cadre des Nations Unies sur les changements climatiques (1992)

Article 13 – Règlement des questions concernant l'application : « *La Conférence des Parties étudiera, à sa première session, la mise en place d'un processus consultatif multilatéral, à la disposition des Parties sur leur demande, pour le règlement des questions relatives à l'application de la Convention.* »

Accord multilatéral limité tendant à éviter la double imposition et à encourager l'assistance administrative mutuelle en matière fiscale (2005) de l'Association sud-asiatique de coopération régionale (ASACR)

Article 12 – Mise en œuvre : « *Les États membres organiseront des consultations périodiques, le cas échéant, des Autorités compétentes en vue de faciliter la mise en œuvre efficace de cet Accord.* »

[Traduction non officielle du Secrétariat de l'OCDE]

A.1.6 Possibilité d'amendement rapide et consensuel de l'instrument multilatéral

40. La règle générale, codifiée à l'article 39 de la CVDT, est que les traités peuvent être amendés « par accord entre les parties ». Il importe de souligner que « l'accord portant amendement ne lie pas les États qui sont déjà parties au traité et qui ne deviennent pas parties à cet accord [11] ».

41. Compte tenu de la nature de cet instrument multilatéral, il est particulièrement important que le mécanisme d'amendement soit efficace, mais aussi qu'il respecte les droits souverains et garantisse que les parties seront liées uniquement par les amendements auxquels elles ont consenti.

Convention sur l'interdiction de l'emploi, du stockage, de la production et du transfert des mines antipersonnel et sur leur destruction (1997)

Article 13(5) – Amendements : « *Un amendement à la présente Convention entrera en vigueur, pour tous les États Parties à la présente Convention qui l'ont accepté, au moment du dépôt auprès du Dépositaire des instruments d'acceptation par une majorité des États Parties. Par la suite, il entrera en vigueur pour tout autre État partie à la date du dépôt de son instrument d'acceptation.* »

Convention des Nations Unies contre la criminalité transnationale organisée (2000)

Article 39(5) – Amendement : « *Un amendement entré en vigueur a force obligatoire à l'égard des États Parties qui ont exprimé leur consentement à être liés par lui. Les autres États Parties restent liés par les dispositions de la présente Convention et tous amendements antérieurs qu'ils ont ratifiés, acceptés ou approuvés.* »

A.2. Un instrument multilatéral peut offrir une certaine flexibilité dans le niveau d'engagement

42. L'objectif de l'instrument multilatéral étant d'harmoniser les approches suivies pour faire face à BEPS et de créer des règles du jeu identiques pour tous, il est important de faire en sorte que les engagements des parties soient aussi homogènes que possible. Toutefois, l'instrument multilatéral peut prévoir une certaine flexibilité dans des cas spécifiques où certaines politiques fiscales ne peuvent pas être harmonisées entre toutes les parties à l'instrument multilatéral et où le niveau d'engagement auquel les parties peuvent consentir dépend de la juridiction partenaire.

A.2.1. Deux types de flexibilité dans le niveau d'engagement

A.2.1.1. Niveau d'engagement vis-à-vis de toutes les autres parties (quant au fond de dispositions spécifiques)

43. Diverses options sont possibles pour moduler les engagements de fond souscrits vis-à-vis de l'ensemble des parties :

- Premièrement, les parties pourraient exclure l'application, en tout ou partie, de certaines dispositions.
- Deuxièmement, les parties pourraient avoir le choix entre diverses mesures prévues par l'instrument.
- Troisièmement, l'instrument multilatéral pourrait prévoir la possibilité pour les parties de souscrire des engagements supplémentaires, notamment par le biais d'un protocole facultatif au traité principal, dans des domaines où cela n'irait pas à l'encontre de l'objectif principal de mener une lutte coordonnée contre l'érosion de la base d'imposition et le transfert de bénéfices.

44. Ces possibilités sont décrites plus en détail dans la section A.2.2 ci-dessous.

A.2.1.2. Niveau d'engagement vis-à-vis de certaines parties (en fonction de la juridiction partenaire)

45. Comme le montrent les différences constatées entre les conventions fiscales bilatérales existantes, les parties ne sont pas toujours disposées à accepter le même niveau d'engagement vis-à-vis de toutes les autres parties. L'instrument peut ainsi autoriser les parties à moduler leur engagement en fonction de la juridiction partenaire concernée.

46. Une solution consisterait à prévoir expressément, pour certaines dispositions de l'instrument multilatéral, différents niveaux d'engagement (choix entre plusieurs dispositions – voir la section A.2.2.2.) et un système de notifications du niveau d'engagement souscrit vis-à-vis des différentes parties. Une nouvelle notification serait nécessaire chaque fois qu'une autre juridiction devient partie au traité.

Accord général sur les tarifs douaniers et le commerce (1947)

Article XXXV – Non-application de l'Accord entre des Parties contractantes : « *1. Le présent Accord, ou l'article II du présent Accord, ne s'appliquera pas entre une partie contractante et une autre partie contractante :* (a) *si les deux Parties contractantes n'ont pas engagé de négociations tarifaires entre elles,* (b) *et si l'une des deux ne consent pas à cette application au moment où l'une d'elles devient partie contractante. 2. À la demande d'une partie contractante, les Parties contractantes pourront examiner l'application du présent article dans des cas particuliers et faire des recommandations appropriées.* »

47. La situation de parties liées par un régime regional représente une question connexe. Le cas échéant, l'instrument multilatéral pourrait autoriser ces parties à appliquer un régime spécifique entre elles si certaines conditions sont remplies. Cela peut passer par l'utilisation d'une clause dite de « déconnexion », comme cela s'est fait pour l'Union européenne.

A.2.2 Modalités d'introduction d'une certaine flexibilité dans l'instrument multilatéral

48. Cette section examine les modalités permettant d'introduire une certaine flexibilité dans le niveau des engagements de fond, ainsi que le prévoit la section A.2.1 ci-dessus.

49. Les parties pourraient s'engager sur un ensemble fondamental de dispositions figurant dans l'instrument multilatéral en se ménageant la possibilité d'exclure certaines mesures (*opt-out*), de choisir entre différentes mesures – clairement délimitées – et/ou d'accepter des mesures supplémentaires (*opt-in*). Tous ces mécanismes pourraient être employés en cas de besoin pour différentes dispositions de l'instrument multilatéral. Enfin, la flexibilité pourrait passer par la formulation utilisée et le type d'obligations figurant dans les dispositions de l'instrument multilatéral.

50. Les mécanismes d'acceptation (*opt-in*) et d'exclusion (*opt-out*) sont des dispositifs bien connus visant à ménager une certaine flexibilité et sont communément employés dans les traités élaborés sous l'égide de plusieurs organisations internationales, notamment l'Organisation internationale du travail (OIT) et l'Organisation internationale de l'aviation civile (OIAC)[12].

A.2.2.1. Mécanismes d'exclusion (opt-out)

51. Les parties sont autorisées à exclure ou modifier l'effet juridique de certaines dispositions, en tout ou partie, par l'utilisation de mécanismes d'exclusion explicites prévus par le traité, la formulation de réserves ou le recours à d'autres mécanismes de type dérogations, renonciations et restrictions.

> « *Selon une définition communément admise, une clause d'exclusion ou d'*opting *(ou de* contracting*)* out *est une disposition conventionnelle en vertu de laquelle un État sera lié par les règles figurant dans le traité à moins qu'il exprime l'intention de ne pas l'être, éventuellement dans un délai donné, par certaines d'entre elles*[13]. »

- De telles clauses d'exclusion explicites sont très fréquentes, notamment dans les conventions adoptées sous les auspices de l'OIT et du Conseil de l'Europe. Ces mécanismes peuvent avoir une validité limitée dans le temps.

Convention de l'OIT no 63 concernant les statistiques des salaires et des heures de travail (1938)

Article 2(1) : « *Tout Membre qui ratifie la présente convention peut, par une déclaration annexée à sa ratification, exclure de l'engagement résultant de sa ratification :* (a) *l'une des Parties II, III ou IV ;* (b) *ou les Parties II et IV ;* (c) *ou les Parties III et IV.* »

Convention internationale pour la prévention de la pollution par les navires (1973)

Article 14(1) : « *Un État peut, lorsqu'il signe, ratifie, accepte ou approuve la présente Convention ou y adhère, déclarer qu'il n'accepte pas l'une quelconque ou l'ensemble des Annexes III, IV et V (ci-après dénommées « Annexes facultatives ») de la présente Convention. Sous réserve de ce qui précède, les Parties à la Convention sont liées par l'une quelconque des Annexes dans son intégralité.* »

Statut de la Cour pénale internationale (1998)

Article 124 – Disposition transitoire : « *Nonobstant les dispositions de l'article 12, paragraphe 1, un État qui devient partie au présent Statut peut déclarer que, pour une période de sept ans à partir de l'entrée en vigueur du Statut à son égard, il n'accepte pas la compétence de la Cour en ce qui concerne la catégorie de crimes visée à l'article 8 lorsqu'il est allégué qu'un crime a été commis sur son territoire ou par ses ressortissants. Il peut à tout moment retirer cette déclaration. Les dispositions du présent article seront réexaminées à la conférence de révision convoquée conformément à l'article 123, paragraphe 1.* »

- Même dans les cas où ce type de mécanisme d'exclusion explicite est absent, la formulation de réserves offre la possibilité d'exclure l'application de certaines dispositions d'un traité.

Convention concernant l'assistance administrative mutuelle en matière fiscale (1988)

Article 30 – Réserves : « *1. Tout État peut, au moment de la signature ou au moment du dépôt de son instrument de ratification, d'acceptation ou d'approbation, déclarer qu'il se réserve le droit :*

a. de n'accorder aucune forme d'assistance pour les impôts des autres Parties entrant dans l'une quelconque des catégories énumérées à l'article 2, paragraphe 1, alinéa b à condition que ladite Partie n'ait inclus dans l'annexe A de la Convention aucun de ses propres impôts entrant dans cette catégorie ;

b. de ne pas accorder d'assistance en matière de recouvrement de créances fiscales quelconques, ou de recouvrement d'amendes administratives soit pour tous les impôts d'une ou plusieurs des catégories énumérées à l'article 2, paragraphe 1 ;

c. de ne pas accorder d'assistance en rapport avec des créances fiscales qui existent déjà à la date d'entrée en vigueur de la Convention pour cet État ou, si une réserve a, au préalable, été faite en vertu de l'alinéa a ou b ci-dessus, à la date du retrait d'une telle réserve au sujet des impôts de la catégorie en question ;

d. de ne pas accorder d'assistance en matière de notification de documents soit pour tous les impôts soit seulement pour les impôts d'une ou plusieurs des catégories énumérées à l'article 2, paragraphe 1 ;

e. de ne pas accepter les notifications par voie postale prévues à l'article 17, paragraphe 3 ;

f. d'appliquer l'article 28 paragraphe 7 exclusivement pour l'assistance administrative couvrant les périodes d'imposition qui débutent le 1er *janvier, ou après le 1*[er] *janvier de la troisième année précédant celle où la Convention, telle qu'amendée par le Protocole de 2010, est entrée en vigueur à l'égard d'une Partie, ou en l'absence de période d'imposition, pour l'assistance administrative portant sur des obligations fiscales prenant naissance le 1*[er] *janvier ou après le 1*[er] *janvier de la troisième année précédant celle où la Convention, telle qu'amendée par le Protocole de 2010, est entrée en vigueur à l'égard d'une Partie. 2. Aucune autre réserve n'est admise.* »

Convention sur la cybercriminalité (2001)

Article 9 (4) – Infractions se rapportant à la pornographie enfantine : « *Une Partie peut se réserver le droit de ne pas appliquer, en tout ou en partie, les paragraphes 1, alinéas d. et e, et 2, alinéas b. et c* » à lire en lien avec l'article 42 – Réserves : « *Par notification écrite adressée au Secrétaire Général du Conseil de l'Europe, tout État peut, au moment de la signature ou du dépôt de son instrument de ratification, d'acceptation, d'approbation ou d'adhésion, déclarer qu'il se prévaut de la ou les réserves prévues à l'article 4, paragraphe 2, à l'article 6, paragraphe 3, à l'article 9, paragraphe 4, à l'article 10, paragraphe 3, à l'article 11, paragraphe 3, à l'article 14, paragraphe 3, à l'article 22, paragraphe 2, à l'article 29, paragraphe 4, et à l'article 41, paragraphe 1. Aucune autre réserve ne peut être faite.* »

Une réserve est une déclaration unilatérale effectuée par un État au moment de signer, de ratifier, d'accepter, d'approuver un instrument multilatéral ou d'y adhérer, ayant pour objectif d'exclure ou de modifier l'effet juridique de certaines dispositions de la convention (voir les articles 19 à 23 de la CVDT). Pour être admissible, une réserve ne doit pas être interdite par le traité et ne doit pas être incompatible avec son objet et son but.

Sauf indication contraire dans l'instrument multilatéral, il serait en principe possible pour les parties de formuler des réserves relatives à n'importe laquelle de ses dispositions de fond. Toutefois, pour empêcher l'exclusion de dispositions fondamentales, l'instrument multilatéral pourrait autoriser la formulation de réserves pour certaines dispositions uniquement, en dressant la liste exhaustive des réserves autorisées.

A.2.2.2. Choix entre plusieurs dispositions

52. Les parties pourraient avoir le choix :

i. Entre plusieurs dispositions spécifiques (soit/soit)

Acte général pour le règlement pacifique des différends internationaux (1928)

Article 38(1) : « *Les adhésions au présent Acte général pourront s'appliquer : A. Soit à l'ensemble de l'Acte (chap. I, II, III et IV) ; B. Soit seulement aux dispositions relatives à la conciliation et au règlement judiciaire (chap. I et II), ainsi qu'aux dispositions générales concernant ces procédures (chap. IV) ; C. Soit seulement aux dispositions relatives à la conciliation (chap. I), ainsi qu'aux dispositions générales concernant cette procédure (chap. IV).* »

Convention de l'OIT n° 96 (révisée) concernant les bureaux de placement payants (1949)

Article 2(1) : « *Tout Membre qui ratifie la présente Convention indiquera dans son instrument de ratification s'il accepte les dispositions de la Partie II, prévoyant la suppression progressive des bureaux de placement payants à fin lucrative et la réglementation des autres bureaux de placement, ou les dispositions de la Partie III, prévoyant la réglementation des bureaux de placement payants, y compris les bureaux de placement à fin lucrative.* »

ii. Parmi une liste de dispositions avec un engagement minimum défini

Convention no 102 concernant la sécurité sociale (norme minimum) (1952)

Article 2 : « *Tout Membre pour lequel la présente convention est en vigueur devra :* (a) *appliquer :* (i) *la Partie I;* (ii) *trois au moins des Parties II, III, IV, V, VI, VII, VIII, IX et X, comprenant l'une au moins des Parties IV, V, VI, IX et X;* (iii) *les dispositions correspondantes des Parties XI, XII et XIII; la Partie XIV.* »

Charte sociale européenne (1961)

Article 20(1) – Engagements : « *Chacune des Parties contractantes s'engage :* (a) *à considérer la partie I de la présente Charte comme une déclaration déterminant les objectifs dont elle poursuivra par tous les moyens utiles la réalisation, conformément aux dispositions du paragraphe introductif de ladite partie ;* (b) *à se considérer comme liée par cinq au moins des sept articles suivants de la partie II de la Charte : articles 1, 5, 6, 12, 13, 16 et 19;* (c) *à se considérer comme liée par un nombre supplémentaire d'articles ou paragraphes numérotés de la partie II de la Charte, qu'elle choisira, pourvu que le nombre total des articles et des paragraphes numérotés qui la lient ne soit pas inférieur à 10 articles ou à 45 paragraphes numérotés.* »

Charte européenne des langues régionales ou minoritaires (1992)

Article 2 – Engagements : « *1. Chaque Partie s'engage à appliquer les dispositions de la partie II à l'ensemble des langues régionales ou minoritaires pratiquées sur son territoire, qui répondent aux définitions de l'article 1. 2. En ce qui concerne toute langue indiquée au moment de la ratification, de l'acceptation ou de l'approbation, conformément à l'article 3, chaque Partie s'engage à appliquer un minimum de trente-cinq paragraphes ou alinéas choisis parmi les dispositions de la partie III de la présente Charte, dont au moins trois choisis dans chacun des articles 8 et 12 et un dans chacun des articles 9, 10, 11 et 13.* »

Accord de Bali sur la facilitation des échanges (2013)

Article 7.3. – Mesures de facilitation des échanges pour les opérateurs agréés : « *Les mesures de facilitation des échanges prévues conformément au paragraphe 7.1 incluront au moins trois des mesures suivantes : a. des prescriptions peu astreignantes en matière de documents et de données requis, selon qu'il sera approprié; b. un faible taux d'inspections matérielles et d'examens, selon qu'il sera approprié ; c. une main levée rapide, selon qu'il sera approprié ; d. le paiement différé des droits, taxes, redevances et impositions ; e. l'utilisation de garanties globales ou de garanties réduites ; f. une déclaration en douane unique pour toutes les importations ou exportations pendant une période donnée; et g. le dédouanement des marchandises dans les locaux de l'opérateur agréé ou dans un autre lieu agréé par les douanes.* »

A.2.2.3. Mécanismes d'acceptation (opt-in)

53. Les mécanismes d'acceptation (*opt-in* ou *contracting-in* en anglais) sont définis comme des « dispositions prévoyant que les parties à un traité peuvent accepter des obligations qui, en l'absence d'acceptation expresse, ne leur seraient pas automatiquement applicables[14] ». L'objet de ces mécanismes est de permettre aux parties qui en ont la volonté de s'engager en faveur d'actions supplémentaires en vue d'atteindre les objectifs du traité.

- Lorsque les parties ont le choix entre plusieurs dispositions (voir la section A.2.2.2 ci-dessus), elles souscriront volontairement à des engagements supplémentaires si elles décident d'aller au-delà du nombre minimum d'engagements défini et d'être liées par un ensemble étendu de dispositions.

- Les parties peuvent se voir offrir la faculté d'accepter d'être liées par des dispositions spécifiques et clairement définies, en vertu d'une déclaration unilatérale.

Convention de la Haye concernant la reconnaissance et l'exécution de décisions relatives aux obligations alimentaires (1973)

Article 25 : « *Tout État contractant peut, à tout moment, déclarer que les dispositions de la Convention seront étendues, dans ses relations avec les États qui auront fait la même déclaration, à tout acte authentique dressé par-devant une autorité ou un officier public, reçu et exécutoire dans l'État d'origine, dans la mesure où ces dispositions peuvent être appliquées à ces actes.* »

Traité sur la Charte de l'énergie (1994)

Article 10(6) – Promotion, protection et traitement des investissements : « (a) *Une partie contractante peut, en ce qui concerne la réalisation d'investissements dans sa zone, déclarer volontairement à tout moment à la Conférence de la Charte, par l'intermédiaire du Secrétariat, qu'elle a l'intention de ne pas introduire de nouvelles exceptions au traitement défini au par. 3.* (b) *En outre, une partie contractante peut à tout moment s'engager volontairement à accorder aux investisseurs des autres Parties contractantes pour la réalisation, dans sa zone, d'investissements portant sur certaines ou l'ensemble des activités économiques du secteur de l'énergie, le traitement défini au par. 3. Ces engagements sont notifiés au Secrétariat et consignés à l'annexe VC et sont contraignants dans le cadre du présent traité.* »

Pacte international relatif aux droits civils et politiques (1966)

Article 41(1) : « *Tout État partie au présent Pacte peut, en vertu du présent article, déclarer à tout moment qu'il reconnaît la compétence du Comité pour recevoir et examiner des communications dans lesquelles un État partie prétend qu'un autre État partie ne s'acquitte pas de ses obligations au titre du présent Pacte. Les communications présentées en vertu du présent article ne peuvent être reçues et examinées que si elles émanent d'un État partie qui a fait une déclaration reconnaissant, en ce qui le concerne, la compétence du Comité. Le Comité ne reçoit aucune communication intéressant un État partie qui n'a pas fait une telle déclaration.* [...] »

- Un autre moyen pour les parties d'accepter des engagements supplémentaires est la conclusion de protocoles facultatifs à l'instrument multilatéral, qui peuvent être ouverts à la signature au moment de l'entrée en vigueur du traité principal ou après.

Convention européenne de sauvegarde des droits de l'homme et des libertés fondamentales (1950)

Pratiquement toutes les Parties à la Convention de 1950 ont signé et ratifié le Protocole n° 6 à la Convention de sauvegarde des droits de l'homme et des libertés fondamentales concernant l'abolition de la peine de mort (1983) qui va au-delà de l'instrument principal en stipulant que « la peine de mort est abolie » par les Parties.

Deuxième protocole facultatif se rapportant au Pacte international relatif aux droits civils et politiques, visant à abolir la peine de mort (1989)

Article 6 : « *1. Les dispositions du présent Protocole s'appliquent en tant que dispositions additionnelles du Pacte. 2. Sans préjudice de la possibilité de formuler la réserve prévue à l'article 2 du présent Protocole, le droit garanti au paragraphe 1 de l'article premier du présent Protocole ne peut faire l'objet d'aucune des dérogations visées à l'article 4 du Pacte.* [...] »

Article 7 : « *1. Le présent Protocole est ouvert à la signature de tout État qui a signé le Pacte. 2. Le présent Protocole est soumis à la ratification de tout État qui a ratifié le Pacte ou qui y a adhéré.* [...] »

Protocole facultatif à la Convention relative aux droits de l'enfant, concernant l'implication d'enfants dans les conflits armés (2000)

Article 9(1) : « *Le présent Protocole est ouvert à la signature de tout État qui est Partie à la Convention ou qui l'a signée.* [...] »

A.2.2.4. Flexibilité résultant de la manière dont les dispositions sont formulées

54. Enfin, le niveau d'engagement des parties concernant des dispositions spécifiques peut dépendre de la formulation utilisée et du type d'obligations.

i. Formulation

55. Dans le même traité, le niveau d'engagement peut être modulé entre différentes dispositions et en fonction de l'objectif du traité :

- langage « fort » : utilisation de l'auxiliaire « être », du verbe « devoir » ou de l'expression « s'engage à »
- langage plus souple : « peut », « si nécessaire/le cas échéant », « devrait envisager », « prendre des mesures en vue de », « dans l'objectif de », « notamment au moyen de ».

Convention concernant l'assistance administrative mutuelle en matière fiscale (1988)

Article 13 – Documents accompagnant la demande : « *1. La demande d'assistance administrative, présentée en vertu de la présente Section, est accompagnée* : [...]. *2. Le titre permettant l'exécution dans l'État requérant est, s'il y a lieu et conformément aux dispositions en vigueur dans l'État requis, admis, homologué, complété ou remplacé dans les plus brefs délais suivant la date de réception de la demande d'assistance par un titre permettant l'exécution dans l'État requis.* »

Convention des Nations Unies sur le droit de la mer (1982)

Article 123 – Coopération entre États riverains de mers fermées ou semi-fermées : « *Les États riverains d'une mer fermée ou semi-fermée devraient coopérer entre eux dans l'exercice des droits et l'exécution des obligations qui sont les leurs en vertu de la Convention. À cette fin, ils s'efforcent, directement ou par l'intermédiaire d'une organisation régionale appropriée, de :* (a) *coordonner la gestion, la conservation, l'exploration et l'exploitation des ressources biologiques de la mer;* (b) *coordonner l'exercice de leurs droits et l'exécution de leurs obligations concernant la protection et la préservation du milieu marin;* (c) *coordonner leurs politiques de recherche scientifique et entreprendre, s'il y a lieu, des programmes communs de recherche scientifique dans la zone considérée;* (d) *inviter, le cas échéant, d'autres États ou organisations internationales concernés à coopérer avec eux à l'application du présent article.* »

ii. Type d'obligations

56. Différentes dispositions peuvent également prévoir différents types d'obligations :

- Obligations de résultat : les parties sont tenues d'atteindre un résultat spécifique.

Convention sur l'accès à l'information, la participation du public au processus décisionnel et l'accès à la justice en matière d'environnement (1998)

Article 1 – Objet : « *Afin de contribuer à protéger le droit de chacun, dans les générations présentes et futures, de vivre dans un environnement propre à assurer sa santé et son bien-être, chaque Partie garantit les droits d'accès à l'information sur l'environnement, de participation du public au processus décisionnel et d'accès à la justice en matière d'environnement conformément aux dispositions de la présente Convention.* »

- Obligations de moyens/conduite : les parties sont tenues de s'efforcer d'atteindre un objectif donné.

Convention des Nations Unies sur le droit de la mer (1982)

Article 194 – Mesures visant à prévenir, réduire et maîtriser la pollution du milieu marin : « *1. Les États prennent, séparément ou conjointement selon qu'il convient, toutes les mesures compatibles avec la Convention qui sont nécessaires pour prévenir, réduire et maîtriser la pollution du milieu marin, quelle qu'en soit la source ; ils mettent en œuvre à cette fin les moyens les mieux adaptés dont ils disposent, en fonction de leurs capacités, et ils s'efforcent d'harmoniser leurs politiques à cet égard du milieu marin. 2. Les États prennent toutes les mesures nécessaires pour que les activités relevant de leur juridiction ou de leur contrôle le soient de manière à ne pas causer de préjudice par pollution à d'autres États et à leur environnement et pour que la pollution résultant d'incidents ou d'activités relevant de leur juridiction ou de leur contrôle ne s'étende pas au-delà des zones où ils exercent des droits souverains conformément à la Convention.* »

- Ou les deux : les parties sont tenues d'atteindre un certain objectif selon des modalités particulières.

A.3. Un instrument multilatéral peut améliorer la transparence et la clarté des engagements

57. Compte tenu des conséquences pratiques de la modification des règles dans le domaine de la fiscalité internationale, il faut impérativement veiller à ce que les droits et obligations des parties à l'instrument multilatéral soient clairement compris par l'ensemble des parties prenantes, à savoir les administrations fiscales nationales, les contribuables et les tiers.

58. Au-delà de la publicité qui entoure les travaux relatifs au Projet BEPS et tout instrument multilatéral qui pourrait en découler, des initiatives supplémentaires seront requises pour que les modifications des conventions fiscales bilatérales existantes et le niveau d'engagement souscrit par les parties soient clairs et transparents. Une question annexe concerne les différences de langues officielles entre les conventions fiscales

bilatérales et l'instrument multilatéral. Comme indiqué ci-dessous, divers outils peuvent être employés pour traiter ces questions.

59. Les mécanismes décrits à la section A.1.5 ci-dessus visant à assurer une interprétation et une mise en œuvre cohérentes (directives d'interprétation, discussions entre les parties concernant la mise en œuvre) joueront également un rôle important pour assurer la transparence et la clarté vis-à-vis de l'ensemble des parties prenantes.

A.3.1 Outils au service de la transparence et de la clarté

60. Il existe divers outils pour promouvoir la transparence et la clarté des engagements pris par les parties à l'instrument multilatéral concernant deux aspects :

- Premièrement, en quoi l'instrument multilatéral modifie concrètement les dispositions de conventions fiscales bilatérales existantes.
- Deuxièmement, le niveau d'engagement pris par les parties dans les cas où l'instrument multilatéral ménage une certaine flexibilité à cet égard, comme l'explique la section A.2 ci-dessus.

A.3.1.1. Publication de versions consolidées

61. Les parties pourraient préparer et publier des versions consolidées de conventions bilatérales, en concertation avec le dépositaire de l'instrument multilatéral.

62. La version consolidée contiendrait les modifications concrètes apportées à la convention fiscale bilatérale existante et indiquerait, le cas échéant, le niveau d'engagement souscrit par les parties dans les cas où l'instrument multilatéral prévoit une certaine flexibilité. Le formatage du texte pourrait attirer l'attention sur les modifications.

63. Les versions consolidées seraient préparées dans un but de transparence et n'auraient pas d'incidence sur la date d'effet juridique des modifications aux conventions bilatérales, qui serait la date d'entrée en vigueur de l'instrument multilatéral.

64. Afin de procurer les informations nécessaires à l'ensemble des parties prenantes concernées, les versions consolidées des conventions fiscales bilatérales pourraient être consignées dans des bases de données accessibles publiquement.

A.3.1.2. Notifications et communications

65. Le dépositaire de l'instrument multilatéral peut jouer un rôle essentiel dans la mesure où il est chargé de « *recevoir et garder tous instruments, notifications et communications*[15] » relatifs au traité » et « *informer les parties au traité et les États ayant qualité pour le devenir des actes, notifications et communications relatifs au traité*[16] ».

i. Notifications par les parties au dépositaire de l'instrument multilatéral

66. Les notifications doivent contenir des informations sur :

- les modifications apportées aux dispositions des conventions fiscales bilatérales

  Une possible alternative aux versions consolidées des conventions fiscales bilatérales serait d'exiger que les parties aux conventions bilatérales déposent des notifications écrites au dépositaire de l'instrument multilatéral, indiquant l'effet de l'entrée en vigueur de l'instrument multilatéral sur l'application des dispositions de la convention bilatérale.

Accord entre l'Union européenne et les États-Unis d'Amérique en matière d'extradition (2003)

Article 3(2) : « (a) *L'Union européenne, conformément au traité sur l'Union européenne, veille à ce que chaque État membre reconnaisse, par l'échange d'un instrument écrit entre cet État membre et les États-Unis d'Amérique, que son accord bilatéral d'extradition en vigueur avec les États-Unis d'Amérique s'applique de la manière décrite dans le présent article.* »

- le niveau d'engagement des parties.

Dans certains cas, pour les réserves par exemple, la pratique veut que ces mesures d'exclusion soient communiquées au dépositaire qui notifie ensuite toutes les parties au traité. Les dépositaires peuvent également être invités à notifier tout ou partie des communications à un groupe plus étendu que les seules parties au traité.

La même méthode pourrait être adoptée pour d'autres mesures d'exclusion, pour le choix entre différentes dispositions et pour les mesures d'acceptation. Ainsi, l'instrument multilatéral pourrait préciser qu'au moment de sa ratification, chaque partie doit communiquer les informations nécessaires sur toutes ces mesures au dépositaire qui en avisera dûment toutes les parties.

Convention des Nations Unies sur le droit de la mer (1982)

Article 311(4) – Relation avec d'autres conventions et accords internationaux : « *Les États Parties qui se proposent de conclure un accord visé au par. 3 notifient aux autres Parties, par l'entremise du dépositaire de la Convention, leur intention de conclure l'accord ainsi que les modifications ou la suspension de l'application des dispositions de la Convention qu'il prévoirait.* »

Convention concernant l'assistance administrative mutuelle en matière fiscale (1988)

Article 2 – Impôts visés : « *2. Les impôts existants auxquels s'applique la présente Convention sont énumérés à l'annexe A selon les catégories mentionnées au paragraphe 1. 3. Les Parties communiquent au Secrétaire Général du Conseil de l'Europe ou au Secrétaire Général de l'OCDE (ci-après dénommés « Dépositaires ») toute modification devant être apportée à l'annexe A et résultant d'une modification de la liste mentionnée au paragraphe 2. Ladite modification prendra effet le premier jour du mois qui suit l'expiration d'une période de trois mois après la date de réception de la notification par le Dépositaire.* »

Protocole facultatif à la Convention relative aux droits de l'enfant, concernant l'implication d'enfants dans les conflits armés (2000)

Article 3(3) : « *2. Chaque État Partie dépose, lors de la ratification du présent Protocole ou de l'adhésion à cet instrument, une déclaration contraignante indiquant l'âge minimum à partir duquel il autorise l'engagement volontaire dans ses forces armées nationales et décrivant les garanties qu'il a prévues pour veiller à ce que cet engagement ne soit pas contracté de force ou sous la contrainte.* »

Article 9(3) : « *Le Secrétaire général, en sa qualité de dépositaire de la Convention et du Protocole, informe tous les États Parties à la Convention et tous les États qui ont signé la Convention du dépôt de chaque déclaration en vertu de l'article 3.* »

ii. Communications par le dépositaire aux autres parties et aux parties prenantes concernées

67. Conformément aux obligations qui lui sont imparties au terme du droit international public, toutes les notifications reçues par le dépositaire seront communiquées aux autres parties à l'instrument multilatéral.

68. D'autres parties prenantes concernées pourraient avoir la possibilité de s'inscrire à un système de notification automatique pour recevoir les informations dès qu'elles sont notifiées par le dépositaire. Les dépositaires d'instruments multilatéraux créent souvent des bases de données électroniques ou des pages Internet publiquement accessibles, contenant toutes les communications pertinentes reçues des parties (Collection des traités des Nations Unies[17], Bureau des traités du Conseil de l'Europe[18], par exemple), ainsi qu'un système d'abonnements à des alertes électroniques lorsque de nouveaux documents sont ajoutés. Cela permettrait à l'ensemble des parties prenantes d'accéder aisément aux informations sur les engagements pris par chaque partie à l'instrument multilatéral.

A.3.2 Langues

69. Sachant que l'instrument multilatéral modifierait un réseau de conventions fiscales bilatérales, il est important d'examiner la question des langues officielles de cet instrument. Pour des raisons pratiques, les instruments multilatéraux sont uniquement négociés et signés en un nombre limité de langues.

70. Les conventions bilatérales sont généralement authentifiées dans la ou les langues officielles des deux parties concernées. Par conséquent, la ou les langues faisant foi des conventions bilatérales peuvent être différentes de celle(s) dans la(es)quelle(s) l'instrument multilatéral sera authentifié. Des textes officiels pourraient être établis dans d'autres langues après signature de l'instrument multilatéral.

Convention multilatérale tendant à éviter la double imposition des redevances de droits d'auteur (1979)

Article 16 – Langues de la Convention et notifications : « *1. La présente Convention est signée en un seul exemplaire en langues anglaise, arabe, espagnole, française et russe, les cinq textes faisant également foi. 2. Des textes officiels sont établis par le Directeur général de l'Organisation des Nations Unies pour l'éducation, la science et la culture et par le Directeur général de l'Organisation mondiale de la propriété intellectuelle, après consultation des gouvernements intéressés, dans les langues allemande, italienne et portugaise.* »

71. Toutefois, d'un point de vue pratique, il n'est pas toujours possible de disposer de textes officiels de l'instrument multilatéral dans toutes les langues utilisées dans les conventions fiscales bilatérales. De telles différences linguistiques se sont déjà produites dans de nombreux cas et il existe des moyens pour y remédier. Il convient de souligner que la traduction de traités à portée universelle (comme les traités en matière de droits de l'homme à portée universelle mis en œuvre par les administrations et les tribunaux nationaux dans le monde entier) dans des langues autres que les langues du traité multilatéral qui font foi est très fréquente et n'entraîne pas de difficultés majeures.

72. Des traductions non officielles de l'instrument multilatéral pourraient être préparées par :

- Les parties à titre individuel dont la langue officielle n'est pas l'une des langues du traité multilatéral faisant foi. Le plus souvent, des traductions devront être systématiquement effectuées pour permettre aux pays de satisfaire à leurs obligations nationales pour devenir parties.
- Plusieurs parties à l'instrument multilatéral, qui pourraient collaborer en vue de s'accorder sur une traduction dans leur langue commune. Il existe des exemples concrets de collaboration afin d'établir une traduction non officielle mais coordonnée d'un traité multilatéral (l'Allemagne et l'Autriche se sont entendues sur une traduction en allemand de la Convention concernant l'assistance administrative mutuelle en matière fiscale, par exemple).
- Le dépositaire, qui pourrait publier une traduction non officielle de l'instrument multilatéral (traductions non officielles en espagnol et en portugais de la Convention concernant l'assistance administrative mutuelle en matière fiscale).

73. Un mécanisme pourrait également être mis en place afin de corriger les divergences repérées ultérieurement entre les versions en langues officielles de l'instrument multilatéral et/ou ses traductions non officielles.

Conclusion

74. Cette annexe conclut qu'un instrument multilatéral visant à mettre en œuvre les mesures élaborées au cours des travaux consacrés au Projet BEPS est réalisable et représenterait de surcroît la solution la plus efficace pour modifier le réseau existant de conventions fiscales bilatérales. Un instrument multilatéral constitue une boîte à outils flexible et évolutive : une fois les mesures de fond adoptées, tous les mécanismes nécessaires sont disponibles pour les traduire en engagements multilatéraux, qui peuvent dans une certaine mesure être modulés au gré des besoins. Des solutions éprouvées fondées sur le droit et la pratique des traités permettent de répondre à l'impératif de transparence et de clarté des engagements souscrits par les États et de leurs effets sur les conventions fiscales bilatérales.

75. Dès lors que la décision aura été prise de s'acheminer vers un instrument multilatéral, les options exposées dans ce document pourront être affinées et précisées afin de faciliter les négociations. Les experts en fiscalité internationale et en droit international public devront impérativement continuer de travailler de concert à l'élaboration de l'instrument multilatéral afin de s'appuyer sur le droit et la pratique des traités existants, tout en tenant compte des spécificités du domaine fiscal.

Notes

1. Article 2(1)(a) de la Convention de Vienne sur le droit des traités (CVDT).

2. Philip Baker (Royaume-Uni), Théodore Christakis (Grèce), Frank Engelen (Pays-Bas), Concepción Escobar Hernandez (Espagne), Mathias Forteau (France), Itai Grinberg (États-Unis), Jan Klabbers (Pays-Bas), Vaughan Lowe (Royaume-Uni), Philippe Martin (France), Yoshihiro Masui (Japon), Ekkehart Reimer (Allemagne), Giorgio Sacerdoti (Italie), Dire Tladi (Afrique du Sud).

3. Il en va de même pour des conventions fiscales régionales telles que la Convention nordique en matière d'impôts sur le revenu et sur le capital, la Convention de la Communauté andine en matière d'impôts sur le revenu et sur le capital, et la Convention de l'Union du Maghreb arabe relative à l'impôt sur le revenu.

4. Article 30 de la CVDT – Application de traités successifs portant sur la même matière : « 3. Lorsque toutes les parties au traité antérieur sont également parties au traité postérieur, sans que le traité antérieur ait pris fin ou que son application ait été suspendue en vertu de l'article 59, le traité antérieur ne s'applique que dans la mesure où ses dispositions sont compatibles avec celles du traité postérieur. »

5. Les conventions bilatérales conclues entre les États-Unis et les États membres de l'Union européenne avant l'entrée en vigueur de l'Accord d'extradition restent en vigueur.

6. Article 41 de la CVDT – Accords ayant pour objet de modifier des traités multilatéraux dans les relations entre certaines parties seulement : « 1. Deux ou plusieurs parties à un traité multilatéral peuvent conclure un accord ayant pour objet de modifier le traité dans leurs relations mutuelles seulement : *(a)* si la possibilité d'une telle modification est prévue par le traité; ou *(b)* si la modification en question n'est pas interdite par le traité, à condition qu'elle : *(i)* ne porte atteinte ni à la jouissance par les autres parties des droits qu'elles tiennent du traité ni à l'exécution de leurs obligations; et *(ii)* ne porte pas sur une disposition à laquelle il ne peut être dérogé sans qu'il y ait incompatibilité avec la réalisation effective de l'objet et du but du traité pris dans son ensemble. 2. À moins que, dans le cas prévu à l'al. a) du par. 1, le traité n'en dispose autrement, les parties en question doivent notifier aux autres parties leur intention de conclure l'accord et les modifications que ce dernier apporte au traité. »

7. Shaw, Malcolm N., *International Law*, Cambridge, sixième édition, 2008, p. 910 : « Le consentement des États parties au traité en question est un facteur déterminant, car les États ne sont liés que s'ils y consentent. En ce sens, les traités sont des contrats entre États et sans le consentement des différents États, leurs dispositions ne leur sont pas opposables ».

8. Article 34 de la CVDT – Règle générale concernant les États tiers.

9. Article 35 de la CVDT – Traités prévoyant des obligations pour des États tiers.

10. *Rapport explicatif révisé sur la Convention concernant l'assistance administrative mutuelle en matière fiscale,* http://conventions.coe.int/Treaty/FR/Reports/Html/127-Revised.htm.

11. Article 40(4) de la CVDT.

12. La Commission du droit international consacre deux directives de son Guide de la pratique sur les réserves aux traités adopté en 2011 (ci-après le « Guide de la pratique ») à ces deux mécanismes et fournit des exemples utiles. Voir le doc. A/66/10/Add.1, disponible à l'adresse www.un.org/Docs/journal/asp/ws.asp?m=A/66/10/Add.1.

13. Paragraphe 1 du Commentaire sur la directive 1.1.6 du Guide de la pratique consacrée aux « Réserves formulées en vertu de clauses autorisant expressément l'exclusion ou la modification de certaines dispositions d'un traité ». Selon cette directive : « Une déclaration unilatérale faite par un État ou une organisation internationale, au moment où cet État ou cette organisation exprime son consentement à être lié par un traité, en conformité avec une clause autorisant

expressément les parties ou certaines d'entre elles à exclure ou à modifier l'effet juridique de certaines dispositions du traité à l'égard de la partie ayant fait la déclaration, constitue une réserve expressément autorisée par le traité. »

14. Paragraphe 1 du Commentaire sur la directive 1.5.3 « Déclarations unilatérales faites en vertu d'une clause d'option ».

15. Article 77(1)(c) de la CVDT – Fonctions des dépositaires.

16. Article 77(1)(e) de la CVDT – Fonctions des dépositaires.

17. Collection des traités des Nations Unies, https://treaties.un.org/Home.aspx?lang=fr.

18. Bureau des traités du Conseil de l'Europe, http://conventions.coe.int/?pg=/treaty/news_en.asp&nd=&lg=fr.

Bibliographie

G20 (2009), *Déclaration du G20 sur le renforcement du système financier*, Sommet du G20, Londres, 2 avril 2009, www.g20ys.org/upload/files/London_2.pdf.

OECD (2013), *Plan d'action concernant l'érosion de la base d'imposition et le transfert de bénéfices*, Éditions OCDE, Paris. http://dx.doi.org/10.1787/9789264203242-fr.

Shaw, M. N. (2008) *International Law*, sixième édition, Cambridge University Press, 2008.

ORGANISATION DE COOPÉRATION ET DE DÉVELOPPEMENT ÉCONOMIQUES

L'OCDE est un forum unique en son genre où les gouvernements oeuvrent ensemble pour relever les défis économiques, sociaux et environnementaux que pose la mondialisation. L'OCDE est aussi à l'avant-garde des efforts entrepris pour comprendre les évolutions du monde actuel et les préoccupations qu'elles font naître. Elle aide les gouvernements à faire face à des situations nouvelles en examinant des thèmes tels que le gouvernement d'entreprise, l'économie de l'information et les défis posés par le vieillissement de la population. L'Organisation offre aux gouvernements un cadre leur permettant de comparer leurs expériences en matière de politiques, de chercher des réponses à des problèmes communs, d'identifier les bonnes pratiques et de travailler à la coordination des politiques nationales et internationales.

Les pays membres de l'OCDE sont : l'Allemagne, l'Australie, l'Autriche, la Belgique, le Canada, le Chili, la Corée, le Danemark, l'Espagne, l'Estonie, les États-Unis, la Finlande, la France, la Grèce, la Hongrie, l'Irlande, l'Islande, Israël, l'Italie, le Japon, le Luxembourg, le Mexique, la Norvège, la Nouvelle-Zélande, les Pays-Bas, la Pologne, le Portugal, la République slovaque, la République tchèque, le Royaume-Uni, la Slovénie, la Suède, la Suisse et la Turquie. La Commission européenne participe aux travaux de l'OCDE.

Les Éditions OCDE assurent une large diffusion aux travaux de l'Organisation. Ces derniers comprennent les résultats de l'activité de collecte de statistiques, les travaux de recherche menés sur des questions économiques, sociales et environnementales, ainsi que les conventions, les principes directeurs et les modèles développés par les pays membres.

ÉDITIONS OCDE, 2, rue André-Pascal, 75775 PARIS CEDEX 16
(23 2015 40 2 P) ISBN 978-92-64-24851-9 – 2015

www.ingramcontent.com/pod-product-compliance
Lightning Source LLC
LaVergne TN
LVHW081423110826
845149LV00010B/1845